D. L. Moody

Der Himmel

Wo er ist, seine Bewohner und wie man hineinkommt

D. L. Moody

Der Himmel
Wo er ist, seine Bewohner und wie man hineinkommt

ISBN/EAN: 9783743423237

Hergestellt in Europa, USA, Kanada, Australien, Japan

Cover: Foto ©Lupo / pixelio.de

Manufactured and distributed by brebook publishing software (www.brebook.com)

D. L. Moody

Der Himmel

Der Himmel:

wo er ist, seine Bewohner, und wie man hinein kommt.

Die Gewißheit der göttlichen Verheißung eines Lebens jenseit des Grabes, und die Belohnung, welche derer wartet, die Gott treu gedient haben.

Gesammelt aus der heiligen Schrift.

Von

D. L. Moody.

„Und die Stadt bedarf keiner Sonne noch des Mondes, daß sie ihr scheinen; denn die Herrlichkeit Gottes erleuchtet sie, und ihre Leuchte ist das Lamm."

Fleming H. Revell,

| Chicago: | New York: |
| 148 u. 150 Madison Str. | 148 u. 150 Nassau Str. |

German—Heaven.

Vorwort zur ersten Auflage.

Dieses kleine Büchlein, welches über einen mir sehr theuren Gegenstand handelt, ist vorsichtig revidirt und nun hinaus gesandt worden, in der Hoffnung, daß es Vielen zum Trost und zur Erbauung gereichen möge, daß die Schwachen dadurch gestärkt, die Bekümmerten getröstet und die Verzagten aufgemuntert werden, mit mehr Glauben nach der schönen Gottesstadt im „besseren Lande," welche die Heimath des Erlösers und der Erlösten ist, emporzuschauen.

Viele Bücher sind bereits in diesem Lande unter meinem Namen erschienen, aber alle ohne meine Genehmigung, und der einzige Beweggrund, der mich zur Herausgabe dieses Büchleins veranlaßt, ist, daß Seelen mögen gerettet werden.

D. L. Moody.

Northfield, Mass., 1880.

Verleger's Notiz.

Die außerordentlich große Nachfrage nach der englischen Ausgabe von Moody's Werken, sowie das wiederholte Ansuchen aus allen Theilen des Landes um Uebersetzungen, haben den Verleger zur Herausgabe derselben in der deutschen, norwegischen und schwedischen Sprache veranlaßt. Diesem ersten Bändchen in der deutschen Sprache werden in kurzen Zwischenräumen andere folgen.

Der Himmel:

Die Hoffnung.

Die Heimath der Seele.

Wo findet die Seele die Heimath, die Ruh?
Wer deckt sie mit schirmenden Fittigen zu?
Ach, bietet die Welt keine Freistatt mir an,
Wo Sünde nicht herrschen, nicht anfechten kann?
Nein, nein! Nein, nein! hier ist sie nicht,
Die Heimath der Seele ist droben im Licht.

Verlasset die Erde, die Heimath zu seh'n,
Die Heimath der Seelen, so herrlich, so schön:
Jerusalem droben von Golde erbaut,
Ist dieses die Heimath der Frommen, der Braut?
Ja, ja! Ja, ja! dieses allein
Kann Ruhplatz und Heimath der Seele nur sein.

Der Himmel.

Kapitel I.

Die Hoffnung.

„Wir danken Gott und dem Vater unseres Herrn Jesu Christi *** um der Hoffnung willen, die euch beigelegt ist im Himmel."
Col. 1, 3. 5.

Viele Leute sind der Ansicht, irgend etwas, das vom Himmel gesagt wird, sei nur Sache der Spekulation. Sie reden vom Himmel ungefähr, wie sie von der Luft reden. Hätte aber Gott beabsichtigt, die menschliche Familie über diesen Gegenstand im Dunkeln zu lassen, so würden wir nicht so viel darüber in der hl. Schrift finden. Und „alle Schrift", so wird uns gesagt, „von Gott eingegeben, ist nütze zur Lehre, zur Strafe, zur Besserung, zur Züchtigung in der Gerechtig= keit; daß ein Mensch Gottes sei vollkommen zu allem guten Werk geschickt." 2 Tim. 3, 16. 17. Was die Bibel vom Himmel sagt, ist gerade so wahr wie irgend sonst etwas, das in derselben steht. Die Bibel ist inspirirt. Was dort über den Himmel gelehrt wird, hätten wir auf keine andere Weise erfahren können als durch göttliche Eingebung. Niemand wußte etwas darüber als nur Gott, und wenn wir etwas darüber ausfinden wollen, müssen wir uns an Gottes Wort wenden. Dr. Hodge von Princeton sagt, der beste Beweis davon, daß die Bibel Gottes Wort ist, sei zwischen den beiden

Decken der Schrift zu finden. Sie beweist sich selbst. In diesem Punkt ist sie wie Christus, dessen Charakter die Göttlichkeit seiner Person bezeugte. Christus erwies sich durch seine Thaten, daß er mehr als ein Mensch war. Die Bibel zeigt durch ihre Lehren, daß sie mehr ist als ein menschliches Buch.

Es ist jedoch nicht darum, daß die Bibel mit mehr als menschlicher Kunst g e s c h r i e b e n ist und die Werke Shakespeares oder irgend eines menschlichen Autors weit überragt, und daß die Weisheit und Beredsamkeit, welche sie enthält, über menschliche Kräfte gehen, daß wir an die Inspiration derselben glauben. Die Ansichten der Menschen sind verschieden über die Frage, wie weit die menschliche Kunst zu bringen vermag; der Grund jedoch, aus welchem wir die hl. Schrift für inspirirt halten, ist so einfach, daß er von einem Kinde begriffen werden kann. Wenn der Beweis für den göttlichen Ursprung derselben nur in ihrer Weisheit läge, so möchte ein einfacher und ungelehrter Mann es nicht glauben können. Wir glauben an die Inspiration derselben, weil sie nichts enthält, das n i c h t von Gott hätte kommen können. Gott ist weise und Gott ist gut. Die Bibel enthält aber nichts, das nicht weise oder gut wäre. Wenn die hl. Schrift etwas enthielt, daß unserer Vernunft oder unserem Rechtsgefühl widerspräche, so möchten wir denken, sie sei wie andere menschliche Bücher. Blos menschliche Bücher, wie das menschliche Leben, enthalten Vieles, das thöricht und Vieles, das unrecht ist. Nur das Leben Jesu war vollkommen; es war beides menschlich und göttlich. Nicht eins der andern Bücher, wie der Koran, das göttlichen Ursprung beansprucht, stimmt mit der gesunden Vernunft überein. Es gibt aber in der ganzen Bibel nichts, welches mit der gesunden Vernunft nicht im Einklang stände. Was sie uns von der durch die Sündfluth zerstörten Welt lehrt, und daß Noah mit seiner Familie allein gerettet wurde,

Die Hoffnung.

ist nicht wunderbarer, als was man heute in den Tagesschulen lehrt, daß nemlich die Welt aus einem Feuerball entstanden sei. Es ist viel leichter zu glauben, der Mensch sei nach dem Bilde Gottes geschaffen, als zu glauben, was man heutzutage Jünglingen und Jungfrauen lehrt, daß nemlich der Mensch vom Affen abstamme.

Wie alle andern wunderbaren Gotteswerke, so trägt auch dieses Buch den Stempel seines Autors. Es ist wie er. Obschon der Mensch den Samen säet, so macht doch Gott die Blumen, und diese sind vollkommen, wie er selbst. Die Menschen schrieben, was in der Bibel steht, aber das Werk gehört Gott an. Je gebildeter die Leute sind, desto mehr Freude haben sie in der Regel an den Blumen, und je besser die Menschen sind, desto mehr Freude haben sie in der Regel an Gottes Wort. Die Freude an den Blumen bildet die Menschen, und die Freude an der heiligen Schrift bessert sie. Alles was die Bibel lehrt von Gott, vom Menschen, von der Erlösung und von einem zukünftigen Zustand, stimmt mit unseren eigenen Ideen von Recht, mit unserer vernünftigen Furcht und unserer persönlichen Erfahrung überein. Alle die geschichtlichen Vorgänge sind so geschildert, daß wir wissen, sie wurden von der Welt zu seiner Zeit in diesem Lichte betrachtet. Was die Bibel vom Himmel lehrt, klingt nicht halb so befremdend, als was uns Prof. Proctor von denjenigen Sternen sagt, welche sich außer dem Bereich des besten Telescops befinden; und trotzdem denken manche Leute, die Wissenschaft enthalte lauter Thatsachen und die Religion lauter Einbildung. Viele Leute denken, Jupiter und manche andere Sterne um uns her seien bewohnt, welche sich aber nicht zu dem Glauben emporschwingen können, daß es jenseits dieser Erde ein Leben für unsterbliche Seelen gäbe. Der wahre Christ setzt den Glauben vor die Vernunft und glaubt, daß die Vernunft jedesmal irre geht, wenn der Glaube bei=

seite gesetzt wird. Würden die Leute die Bibel nur mehr lesen und studiren, was in derselben vom Himmel zu finden ist, so würden sie nicht so weltlich gesinnt sein, wie es der Fall ist. Sie würden ihr Herz nicht so an die Dinge der Erde hängen und lieber die unvergänglichen Schätze, die droben sind, suchen.

Die Erde die Heimath der Sünde.

Es ist durchaus vernünftig, daß Gott uns einen Blick in die Zukunft gewährt, denn es sterben beständig von unseren Freunden, und die erste Frage dabei ist: „Wohin sind dieselben gegangen?" Wenn unsere Lieben uns verlassen, wie nahe kommt uns dann dieser Gedanke! Wie wundern wir, ob wir dieselben je und wann und wie wiedersehen werden? Dann wenden wir uns zu diesem Buche, denn ein anderes gibt es in der weiten Welt nicht, das uns den geringsten Trost gewähren, kein anderes, das uns den Aufenthaltsort unserer Lieben schildern kann.

Vor einiger Zeit traf ich einen Freund, und als ich ihn bei der Hand nahm und mich nach seiner Familie erkundigte, rollten ihm die Thränen über die Wangen, während er sagte:

„Ich habe keine mehr."

„Was," fragte ich, „ist deine Gattin todt?"

„Jawohl."

„Und alle deine Kinder auch?"

„Ja, alle," sagte er, „und ich bin einsam und allein zurückgeblieben."

Wer wollte diesem Manne die Hoffnung rauben, daß er seine Lieben wiedersehen wird? Wer wollte ihn überreden, daß es keine Zukunft gäbe, wo man die Verlorenen wieder findet? Nein, wir brauchen unsere Lieben nicht zu vergessen, sondern wir können die herrliche Hoffnung festhalten, daß

Die Hoffnung.

wir uns frei und froh in dem herrlichen Lande der ewigen Sonne wieder begegnen, und aus den lebendigen Strömen trinken, welche vom Throne Gottes fließen.

Jedes von uns hat schon im innersten Herzensgrunde nach dem zukünftigen Zustande gefragt.

„Wie wird uns sein, wenn endlich nach dem schweren,
Doch nach dem letzten ausgekämpften Streit,
Wir aus der Fremde in die Heimath kehren
Und einziehn in das Thor der Ewigkeit?
Wenn wir den letzten Staub von unsern Füßen,
Den letzten Schweiß vom Angesicht gewischt,
Uns in der Nähe sehen und begrüßen,
Was oft den Muth im Pilgerthal erfrischt."

Manche Leute sagen, es gibt keinen Himmel. Ich sprach einmal mit einem Manne, welcher sagte, er glaube nicht, daß wir aus irgend einem Grunde berechtigt wären, einen andern Himmel zu erwarten, als denjenigen, welchen wir hier auf Erden hätten. Wenn dieses der Himmel ist, so ist es ein eigenthümlicher Himmel — diese Welt voll Krankheit, Leiden und Sünde. Aus tiefstem Herzensgrunde bedaure ich den Mann und die Frau, welche solche Ideen hegen.

Diese Welt, welche Manche für ihren Himmel halten, ist die Heimath der Sünde, ein Hospital voller Sorgen, ein Platz, wo nichts gefunden wird, das die Seele zufriedenstellt. Die Menschen durchziehen die ganze Welt, und dann wünschen sie dieselbe zu verlassen. Je mehr sie von derselben sehen, desto weniger gefällt sie ihnen. Die besten Freuden, welche sie zu bieten im Stande ist, ermüden bald. Es hat Jemand gesagt, die Welt sei ein stürmisches Meer, in welchem jede Woge die Trümmer armer Menschen, die in demselben verschmachteten, heranschwemmt. So oft wir athmen, ist Jemand am Sterben. Wir wissen Alle, daß unser Aufenthalt hier nur von kurzer Dauer ist. Unser Leben ist wie ein Dampf. Es ist nur ein Schatten.

„Wir treffen einander," so hat es Jemand ausgedrückt, „grüßen einander, ziehen weiter, und sind hinweg." Ein Anderer sagt: „Es ist ein Zollbreit Zeit, und dann wogt uns die Ewigkeit entgegen"; und nach meiner Ansicht ist es sehr vernünftig, daß wir dieses Buch studiren, um auszufinden, wohin wir gehen, und wohin unsere lieben Dahingeschiedenen gegangen sind. Die längste Zeit, welche ein Mensch zu leben hat, ist im Vergleich mit der Ewigkeit kleiner als ein Thautropfen dem Ocean gegenüber.

Städte der Vergangenheit.

Blickt auf die Städte der Vergangenheit. Da ist Babylon. Es wird berichtet, daß sie von einer Königin Namens Semiramis gegründet wurde, welche zwei Millionen Arbeiter während einer Reihe von Jahren beschäftigte, um die Stadt zu bauen. Heute ist dieselbe zu Staub geworden. Vor nahezu tausend Jahren schrieb ein Historiker, daß die Ruinen von Nebukadnezar's Palast noch vorhanden seien; aber man fürchtete sich, denselben nahe zu kommen, weil sie voller Schlangen und Skorpionen wären. Und auch heute noch zerfallen weltliche Größen in solche Ruinen. Ninive ist nicht mehr. Ihre Thürme und Bastionen sind gefallen. Der Reisende, welcher Karthago sucht, findet wenig mehr davon. Corinth, einst der Mittelpunkt von Luxus und Kunst, liegt in formlosen Trümmern. Ephesus, während langer Zeit die Metropole Asiens, das Paris jener Tage, hatte viele Gebäude so groß wie das Kapitolium in Washington. Man sagt mir, daß es gegenwärtig einem vernachlässigten Kirchhofe sehr ähnlich sehe. Granada, einst so großartig mit seinen zwölf

Thoren und Thürmen, ist zerfallen. Die Alhambra, der Palast der muhammedanischen Könige, befand sich darin. Kleine Stückchen von den Ruinen der einst so kostbaren und großartigen Städte Herkulanum und Pompeji werden heute als Reliquien feilgeboten. Jerusalem, einst die Freude aller Welt, ist nur noch ein Schatten seiner früheren Größe. Theben, während Jahrtausenden, fast bis zur Erscheinung Christi, unter den größten und reichsten Städten der Welt, ist nur ein Haufen von Ruinen. Nur wenig ist noch von dem alten Athen und vielen anderen Städten des Alterthums übrig, um von ihrem Verfall Zeugniß abzulegen. Der Herr treibt seinen Pflugschar durch die Städte und pflügt sie auf wie die Furchen des Feldes. „Siehe," sagt Jesaias, „die Heiden sind geachtet, wie ein Tropfen, der im Eimer bleibt, und wie ein Scherflein, so in der Wage bleibt. Siehe, die Inseln sind wie ein Stäublein. Alle Heiden sind vor ihm nichts, und wie ein Nichtiges und Eitles geachtet."

Seht, wie Antiochien gefallen ist. Als Paulus dort predigte, war es eine prächtige Metropole. Eine breite Straße, über drei Meilen lang, zog sich durch die ganze Stadt, geziert mit Säulenreihen und gedeckten Gallerien, und an jeder Ecke standen schöne Statuen, um das Andenken großer Männer, deren Namen wir nie gehört haben, zu ehren. Sie sind vergessen, aber der arme predigende Teppichweber steht heute als der großartigste Charakter in der Weltgeschichte. Die feinsten Exemplare der griechischen Kunst zierten ihre Tempel, und die Bäder und Wasserleitungen waren so prächtig, daß sie von der heutigen Kunst nicht erreicht werden. Damals wie heute suchten die Menschen Ehre, Reichthum und Ruhm und gruben ihre Namen und Geschichte in den Sand. Es wird uns berichtet, daß sich in Antiochien bedeckte Hügel von über siebenhundert Fuß Höhe befanden, und felsige Klippen und tiefe Schluchten gaben der Stadt einen piktores=

ken Charakter, wie man denselben in keiner modernen Stadt vorfindet. Diese Höhen waren in großartiger Weise befestigt, welches denselben ein imposantes Aussehen verlieh. Die große Einwohnerzahl dieser brillanten Stadt umfaßte jeden Zweig der griechischen Kunst und Kultur sammt ihrem Leichtsinn, ihrem Luxus, und die Neigung Asiens war so versessen auf Vergnügungen, wie die heutige Bevölkerung irgend einer unserer großen Städte. Die Bürger hatten ihre Komödien, ihre Spiele, ihre Wettrennen und Tänzer, Zauberer, Wahrsager, Bajazzos und Wunderthäter, und fortwährend drängten sich die Massen zu den Theatern und Prozessionen, um die niedrigen Gelüste der menschlichen Natur zu nähren und zu befriedigen. Das ist so ziemlich dasselbe, womit sich die Massen der Bevölkerung zu unserer Zeit in den großen Städten ihre Zeit vertreiben.

Antiochien war sogar schlimmer als Athen, denn ihre sogenannte Gottesverehrung war nicht nur Götzendienst, sondern war mit den gemeinsten Leidenschaften vermischt, wozu ein Mensch sich erniedrigen kann. Hierher kam Paulus, um die frohe Botschaft des Evangeliums von Christo zu verkündigen; hier wurden die „Jünger" zuerst Christen genannt; alle Nachfolger Jesu waren vordem mit „Heilige" oder „Brüder" bezeichnet worden. Mit Recht sagt man, daß aus der Quelle zu Antiochien ein mächtiger Strom entstanden sei, um die Welt zu bewässern. Astarte, die „Königin des Himmels," welche sie verehrten; Diana, Apoll, die Pharisäer und Sadduzäer sind nicht mehr vorhanden, die verachteten Christen dagegen leben noch. Aber jene heidnische Stadt, welche sich weigerte, das Christenthum anzunehmen und zu halten, fiel. Städte, in denen der veredelnde und schützende Einfluß des Christenthums nicht regiert, deren Bedeutung ist meistens von kurzer Dauer. Sie verdunkeln im Lichte der Vergangenheit. Wenige Städte in unserem Lande haben ein Alter von hundert Jahren. Jene Stadt blühte fast ein ganzes Jahrtausend, und doch fiel sie endlich.

Auswandern.

Ich glaube nicht, daß es unrecht ist, an den Himmel zu denken und darüber zu reden. Ich habe Vergnügen daran, den Himmel zu localisiren und Alles darüber auszufinden, was ich nur kann. Dort erwarte ich ewig zu wohnen. Wenn ich in diesem Lande irgendwo hinzuziehen und daselbst meine Heimath aufzuschlagen gedächte, so würde ich mich nach dem Platze, dem Klima, der Nachbarschaft und Allem erkundigen, was ich nur erfahren könnte. Wenn Jemand von euch auszuwandern beabsichtigte, so würde er ebenso handeln. Nun, wir werden allesammt nach sehr kurzer Zeit in ein entferntes Land auswandern. Die Ewigkeit werden wir in einer andern Welt, einer herrlichen und seligen Welt, wo Gott regiert, zubringen. Ist es daher nicht natürlich, daß wir schauen und horchen, um auszufinden, wer schon drüben ist und welchen Weg wir zu gehen haben, um hinzukommen?

Bald nachdem ich mich bekehrt hatte, fragte mich eines Tages ein Ungläubiger, warum ich aufschaue, während ich bete? Er sagte, der Himmel sei so wenig über uns, als unter uns, sondern er sei überall. Ich gerieth darüber in große Verlegenheit, und als ich das nächste Mal betete, war es mir fast, als ob ich in die Luft bete. Seitdem bin ich besser bekannt geworden mit der Bibel und habe ausgefunden, daß der Himmel oben ist, daß derselbe sich über uns und nicht unter uns befindet. Der Geist Gottes ist allenthalben, aber Gott ist im Himmel, und der Himmel ist über uns. Es bleibt sich gleich, auf welchem Theil des Erdballs wir uns befinden, der Himmel ist über uns.

Im 17. Kapitel des ersten Buches Mose heißt es, daß der

Herr auffuhr von Abraham; und im 3. Kapitel des Evangeliums Johannis, daß des Menschen Sohn vom Himmel herabgekommen sei. So finden wir im 1. Kapitel der Apostelgeschichte, daß Jesus auffuhr gen Himmel (nicht hinab), und eine Wolke nahm ihn auf vor ihren Augen. Daran sehen wir, daß der Himmel droben ist. Die ganze Einrichtung des Firmaments um die Erde bezeugt, daß der Sitz der göttlichen Herrlichkeit sich über uns befindet. Wieder finden wir im 5. Buche Mosis: „Wer soll für uns hinauf in den Himmel gehen?" So lehrt uns die ganze heilige Schrift, daß die Stätte des Himmels aufwärts und jenseit des Firmaments zu suchen ist. Dieses Firmament, mit seinen vielen leuchtenden Welten, ist so groß, daß der Himmel wohl ein ausgedehnter Platz sein muß. Aber dies braucht uns nicht in Erstaunen zu setzen. Es gebührt sich nicht für kurzsichtige Menschen zu fragen, warum Gott den Himmel so groß gemacht habe, daß seine Lichtstrahlen den ganzen Weg entlang von dieser kleinen Welt aus gesehen werden können.

In Jeremia 51, 15. heißt es: „Der die Erde durch seine Kraft gemacht hat, und den Weltkreis durch seine Weisheit bereitet, und den Himmel ordentlich zugerichtet." Und wie wenig wissen wir dennoch von dieser Kraft und Weisheit? Darum heißt es in Hiob: „Siehe, also gehet sein Thun; aber davon haben wir ein geringes Wörtlein vernommen. Wer will aber den Donner seiner Macht verstehen?"

Dieses ist Gottes Wort. So lesen wir im 42. Kapitel Jesaia: „So spricht Gott, der Herr, der die Himmel schaffet, und ausbreitet, der die Erde macht und ihr Gewächs, der dem Volk, so darauf ist, den Odem gibt, und den Geist denen, die darauf gehen."

Diese Schilderungen der göttlichen Kraft, die Botschaft vom Himmel, kommt nicht immer in großen Dingen. Wir lesen im 19. Kapitel im 1. Buch der Könige:

Die Hoffnung.

"Und siehe, der Herr ging vorüber, und ein großer starker Wind, der die Berge zerriß, und die Felsen zerbrach, vor dem Herrn her, der Herr aber war nicht im Winde. Nach dem Winde aber kam ein Erdbeben, aber der Herr war nicht im Erdbeben. Und nach dem Erdbeben kam ein Feuer, aber der Herr war nicht im Feuer. Und nach dem Feuer kam ein stilles sanftes Sausen."

Es ist ein stilles, sanftes Säuseln, in dem der Herr zu seinen Kindern redet. Manche Leute möchten gerne genau ausfinden, wie weit der Himmel von uns entfernt ist. Eins wissen wir hierüber, nemlich, daß derselbe nahe genug ist, damit Gott unsere Gebete hört. Ich glaube nicht, daß seit dem Falle Adam's bis auf den heutigen Tag eine Thräne über die Sünde geflossen ist, welche der liebe Gott nicht wahrgenommen hätte. Er ist nicht zu weit entfernt von der Erde, daß wir nicht zu ihm gehen könnten; und wenn heute einem bedrückten Herzen ein Seufzer entfährt, so hört Gott denselben. Wenn ein „gedemüthigtes und zerschlagenes Herz" zu Gott um Hülfe schreit, so höret der Herr sein Schreien. Er ist nicht zu weit entfernt, und der Himmel ist nicht zu weit entfernt, daß er für das kleinste Kind unzugänglich wäre. In 2. Chronika lesen wir:

„Daß sie mein Volk demüthigen, das nach meinem Namen genannt ist; und sie beten, und mein Angesicht suchen, und sich von ihren bösen Wegen bekehren werden: so will Ich vom Himmel hören, und ihre Sünde vergeben, und ihr Land heilen."

Als ich in Dublin war, erzählte man mir von einem Vater, welcher seinen kleinen Knaben verloren hatte. Der Mann dachte nicht an die Zukunft, er war so ganz mit der Welt und ihren Dingen beschäftigt; als aber sein Knabe, sein einziges Kind, starb, da brach das Herz dieses Vaters, und jeden Abend nach seinem Tagewerk konnte man ihn in seinem Zimmer bei seiner Bibel sitzen sehen, wo er begierig alle Sprüche, die vom

Himmel handelten, aufsuchte. Jemand fragte ihn, was er treibe, und seine Antwort war, daß er sich bemühe, auszufinden, wohin sein Kind gegangen sei. Ich meine, das sei ein vernünftiger Mann gewesen. Es wird wohl kaum Jemand diese Zeilen lesen, welcher nicht auch schon „herzlich Geliebte" drüben hat. Sollen wir nun jetzt das Buch schließen, oder sollen wir probiren auszufinden, wohin sie gegangen sind?

Ich las neulich einen Bericht von einem Vater, einem Prediger, dem sein Kind gestorben war. Er hatte schon sehr vielen Leichenbegängnissen beigewohnt und Andere in ihrer Trauer getröstet; aber jetzt hatte der Pfeil sein eigenes Herz getroffen. Ein anderer Prediger kam, um die Leichenrede zu halten. Nachdem dieselbe beendigt war, erhob sich der Vater des verstorbenen Kindes und sagte, während er am Sarge stand, daß er sich vor Jahren, als er zuerst auf dieses Arbeitsfeld kam, wenig um die Leute auf der andern Seite des Flusses bekümmert habe, weil von denselben Niemand zu seiner Gemeinde gehörte. Aber nach einigen Jahren sei ein junger Mann von jenseit des Flusses herüber in sein Haus gekommen und habe seine Tochter geheirathet, und dieselbe sei dann mit ihrem Gatten auf die andere Seite des Flusses gezogen, um daselbst zu wohnen; und sobald sein eigenes Kind einmal dort gewohnt, habe er sich auch für die übrigen Einwohner interessirt, und jeden Morgen, nachdem er aufgestanden, trat er ans Fenster und schaute über den Fluß, nach der Heimath seiner Tochter hinüber. „Und nun," fuhr er fort, „hat ein anderes Kind die elterliche Heimath verlassen. Es ist über einen andern Strom hinübergezogen, und der Himmel erscheint mir jetzt näher und köstlicher, als je vorher."

Meine Freunde, laßt uns dem guten alten Buche glauben, in der Ueberzeugung, daß der Himmel keine Mythe ist, und laßt uns bereit sein, den Theuren, welche uns vorangegangen sind, zu folgen. So und nur so können wir den Frieden finden, welchen wir suchen.

Wir suchen eine bessere Heimath.

Was war und ist jetzt noch die stärkste Sehnsucht im Menschenherzen? Ist es nicht, einen besseren Ort, einen lieblicheren Platz zu finden, als der ist, den wir jetzt haben? Gerade deßhalb suchen die Menschen überall; und man kann ihn erreichen, wenn man will; aber anstatt abwärts muß man a u f w ä r t s schauen, um ihn zu finden. Sowie die Menschen in Kenntnissen wachsen, wetteifern sie gegenseitig, um ihre Heimath anziehend zu machen; aber die schönste Heimath auf Erden ist nur eine leere Scheune im Vergleich mit den Wohnungen des ewigen Lichts.

Was ist es doch, worauf wir am Abend unseres Lebens hoffen? Ist es nicht ein trauliches Heim, ein stiller Ort, wo wir, wenn auch nicht vollkommene Ruhe, so doch einen Vorgeschmack der zukünftigen Ruhe genießen können? Was war's, das Columbus, ohne den Ausgang seines gewagten Unternehmens zu wissen, über die unbefahrenen westlichen Meere trieb, wenn es nicht die Hoffnung war, ein besseres Land zu finden? Das war's, was die Herzen der Pilgerväter stärkte, welche die Verfolgung aus ihrem Heimathslande trieb, als sie einer öden Küste und einer unbekannten Welt hinter derselben entgegensteuerten. Durch die Hoffnung, ein freies und fruchtbares Land zu finden, wo sie Ruhe hätten und Gott im Frieden dienen könnten, wurde ihr Muth gestärkt und ihre Thatkraft begeistert.

Des Christen Hoffnung auf den Himmel hat damit einige Aehnlichkeit; nur ist es kein unentdecktes Land, und was seine Vorzüge angeht, läßt sich kein Land der Erde mit demselben vergleichen. Es ist vielleicht nur unsere menschliche

Kurzsichtigkeit, die uns hindert, die Perlenthore für uns ge=
öffnet zu sehen, und unsere menschliche Taubheit, daß wir
nicht das liebliche Friedensgeläut der Himmelsglocken bereits
vernehmen. Es umklingen uns beständig Töne, welche unser
Ohr nicht vernimmt, und die Luft ist voll von einer strahlen=
den Welt, welche unser Auge niemals sah. So wenig wir
auch von diesem herrlichen Lande wissen, so wird es uns doch
hie und da gestattet, Blicke in dasselbe zu thun.

„Ich möchte heim; ich sah in sel'gen Träumen
   Ein beßres Vaterland,
Dort ist mein Theil in ewig lichten Räumen,
   Hier hab ich keinen Stand:
Der Lenz ist hin, die Schwalbe schwingt die Flügel
Der Heimath zu, weit über Thal und Hügel,
Sie hält kein Jägergarn, kein Vogelleim,
   Ich möchte heim.

Ich möchte heim, mich zieht's dem Vaterhause,
   Dem Vaterherzen zu;
Fort aus der Welt verworrenem Gebrause
   Zur stillen tiefen Ruh;
Mit tausend Wünschen bin ich ausgegangen,
Heim kehr ich mit bescheidenem Verlangen,
Noch hegt mein Herz nur einer Hoffnung Keim:
   Ich möchte heim.

Ich möchte heim; das Schifflein sucht den Hafen,
   Das Bächlein läuft ins Meer,
Das Kindlein legt im Mutterarm sich schlafen,
   Und will auch ich nichts mehr;
Manch Lied hab ich in Lust und Leid gesungen,
Wie ein Geschwätz ist Lust und Leid verklungen,
Im Herzen blieb mir nur der letzte Reim:
   Ich möchte heim."

Die Reisenden berichten, daß man beim Besteigen der
Alpen die Häuser in weit entfernten Dörfern nicht nur deut=

lich sehen, sondern oft sogar die Scheiben der Kirchenfenster zählen könne. Die Entfernung scheint so unbedeutend, daß das Ziel der Reise vor ihnen zu liegen scheint; jedoch nach stundenlangem Wandern scheint es noch eben so weit entfernt. Dieses hat seinen Grund in der Klarheit der Luft. Nach ununterbrochener Anstrengung erreicht jedoch der müde Pilger sein Ziel und findet Ruhe. So bewegen auch wir uns bisweilen in seligen Gnadenstunden; der Himmel scheint sehr nahe, und die Hügel des Landes der Verheißung liegen deutlich vor unserem Blick. Zu anderen Zeiten verdüstern die Wolken des Leidens und der Sünde unsere Aussicht. Wir sind in dem einen Falle dem Himmel gerade so nahe, wie in dem andern, und wir sind gerade so sicher, das Ziel zu erreichen, wenn wir nur den Weg verfolgen, den Christus uns gezeigt hat.

Ich habe gelesen, daß die Fischerfrauen an den Ufern des Adriatischen Meeres, deren Männer hinausgefahren sind auf die wogende See, Abends zum Meeresufer hinabgehen und mit süßen Tönen ein bekanntes Lied anstimmen. Nachdem der erste Vers verklungen ist, horchen sie in die Nacht hinein, bis ihnen der Wind den Gesang ihrer Männer von der wogenden Tiefe her entgegenträgt, und dann fühlen sich Alle glücklich und froh. Vielleicht könnten auch wir bei angestrengtem Horchen in dieser sturmbewegten Welt ein Flüstern aus der Höhe vernehmen, welches uns die süße Kunde brächte, daß es eine himmlische Heimath für uns gibt; und wenn wir hier an den Ufern dieser Erde unsere Lieder singen, finden sie vielleicht ein Echo im Lauf der Zeiten, das anderen Pilgern und Fremdlingen zur Aufmunterung gereicht. Ja, wir müssen auf- und hinausschauen jenseit dieser Erde, und selbst hier in unseren Gedanken und Handlungen schon höher bauen.

Ihr wißt, wenn Jemand in einem Luftballon auffährt, so

nimmt er Sand mit als Ballast; und wenn er dann höher steigen will, so wirft er von dem Ballast hinaus, und es geht höher; je mehr er davon hinauswirft, je höher steigt er; und je mehr wir uns von den Dingen der Erde losmachen, desto näher kommen wir dem Herrn. Lasset sie fahren, diese Welt, lasset uns unser Herz und unsere Neigung nicht daran hängen, sondern die Mahnung unseres Heilandes befolgen, und Schätze sammeln im Himmel.

In England wurde mir von einer Dame erzählt, welche eine Reihe von Jahren bettlägerig war. Sie war eine jener Heiligen, welche der Herr läutert für sein Reich; denn ich glaube, es gibt manche Heilige in dieser Welt, von denen wir nie etwas hören; wir sehen nie ihre Namen in den Zeitungen; sie wandeln aber in der Nähe ihres Meisters und befinden sich dem Himmel sehr nahe, und ich glaube, es erfordert viel mehr Gnade, den Willen Gottes zu leiden, als denselben zu thun; und wenn Jemand auf dem Krankenbette liegt und freudig leidet, so ist es dem Herrn ebenso angenehm, als wenn man hinausgeht und arbeitet im Weinberge des Herrn.

Jene Dame war eine solcher Heiligen. Sie sagte, daß sie für lange Zeit viel Vergnügen darin gefunden hätte, einen Vogel, der in der Nähe ihres Fensters ein Nest baute, zu beobachten. Eines Jahres kam der Vogel wieder und fing an, sein Nest zu bauen, aber so niedrig, daß sie besorgte, es möchte später den Jungen ein Unfall begegnen, und jeden Tag, wenn sie den Vogel mit seinem Nest beschäftigt sah, sagte sie: "Vogel, baue höher." Sie nahm wahr, daß der Vogel in Gefahr war, Unheil und Täuschung erfahren zu müssen. Endlich hatte er sein Nest vollendet, legte seine Eier und brütete seine Jungen aus; und jeden Morgen schaute die Dame emsig nach dem Neste und nahm wahr, wie die Vogelmutter ihren Jungen Futter zutrug, und es gewährte ihr großes Vergnügen, diese Vorgänge zu beobachten. Eines Morgens jedoch, als sie nach dem Nest blickte, sah sie nichts als Federn auf dem Boden umhergestreut und sagte traurig: „Ach, die Katze hat die Jungen sammt der Mutter gefressen." Es wäre eine Wohlthat gewesen, in Zeit das Nest herunterzureißen. Und so macht es der Herr oft mit uns — er entreißt uns der Gefahr, ehe es zu spät ist. Daher meine ich, wir sollten den Christenbekennern sagen, wenn ihr für diese Zeit baut, so werdet ihr getäuscht werden. Gott sagt: Baue dort hinauf! Es ist besser, mit Christo in Gott zu leben, als sonst irgendwo. Ich wollte viel lieber mit Christo in Gott verborgen leben, als mit Adam im Paradiese sein. Adam hätte mögen 16,000 Jahre im Paradiese leben, und dann fallen; aber wenn unser Leben in Christo verborgen ist, wie sicher sind wir dann geborgen!

Mit Gott.

Mit Gott! das ist ein schönes Wort!
Da wandert man so fröhlich fort
Und fragt nach Brücke nicht und Steg —
Mit Gott! man findet seinen Weg.

Dies Wort ist wie ein Wanderstab,
Man geht den Berg hinauf, hinab,
Das Feld hindurch, den Wald entlang,
Und graut die Nacht, man wird nicht bang.

Im Graun der Nacht, im Windgebraus,
Man weiß sich doch im Vaterhaus,
Sorgt nicht am Kreuzweg allzuviel,
Man geht mit Gott und kommt ans Ziel.

Mit Gott! das ist so wunderleicht!
Und doch so weit der Himmel reicht,
So weit hinwandeln Tag und Nacht,
Dies Wort hat wundergroße Macht!

Wohlan, so sprich zur Abendruh,
Zum Morgenlichte sag es du:
Mit Gott! Mit Gott! — so fang es an,
Dein Tagewerk, so schließ es dann.

Der Himmel:

Seine Einwohner.

Zur Heimath.

Der Heimath zu! Die Anker sind gelichtet,
Das Schiff dem offnen Meere zugerichtet;
In froher Hoffnung eilt voraus das Herz
    Schon heimathwärts.

O süße Heimath! Wenn der Pilger müde,
Erquickt ihn schon von fern dein selger Friede;
Es lächelt ihm in Hoffnung lieblich zu
    Der Heimath Ruh. — —

Wie reich auch Gottes Welt an Heimathfreuden,
Sie nimmer doch uns von dem Heimweh scheiden,
Das wie der Funke in der Asche glüht
    Und aufwärts zieht.

Dahin ist meiner Seele Lauf gerichtet,
Der Anker aus der Tiefe ist gelichtet;
Der selgen Heimath Hoffnung zieht das Herz
    Schon himmelwärts.

Das ist der ewgen Heimathliebe Siegel,
Daß in des Herzens tief verborgnem Spiegel
Der Abglanz unvergänglich sich erwies
    Vom Paradies.

Kapitel II.

Seine Einwohner.

> Und kein Einwohner wird sagen: Ich bin schwach. Denn das Volk, so darinnen wohnet, wird Vergebung der Sünden haben. Jes. 33, 24.

Die Gesellschaft im Himmel wird eine auserwählte sein. Niemand, der in der Schrift forscht, kann daran zweifeln. Hier auf Erden gibt es mancherlei Aristokratie; aber die Aristokratie des Himmelreichs ist die Aristokratie der Heiligen. Der geringste Gläubige auf Erden wird dort ein Aristokrat sein. Im 57. Kapitel Jesaia heißt es: „Denn also spricht der Hohe und Erhabene, der ewiglich wohnet, deß Name heilig ist: der ich in der Höhe und im Heiligthum wohne, und bei denen, so zerschlagenes und gedemüthigtes Geistes sind." Nichts könnte deutlicher sein als dies. Wer also nicht zerschlagenes und gedemüthigtes Geistes ist, kann nicht mit Gott in der Höhe und im Heiligthum wohnen.

Wenn etwas dem Christen den Himmel nahe bringen kann, so ist es der Gedanke, daß Gott und alle die selig Vollendeten dort wohnen. Was macht doch unsere Heimath so anziehend? Etwa, daß wir ein schönes Haus haben, oder schöne Rasenplätze, oder prächtige Bäume um dasselbe herum? Sind es die schönen Bilder an den Wänden unserer Zimmer, oder feiner Hausrath? Ist es Alles dies zusammen, was unsere

Heimath so angenehm macht? Nein, es sind die lieben Angehörigen, unsere Hausgenossen in der Heimath.

Ich erinnere mich, daß ich einmal lange Zeit von Hause abwesend war, und als ich heimkehrte, besuchte ich meine liebe Mutter und hatte beabsichtigt, sie durch mein plötzliches Erscheinen zu überraschen. Als ich sie dann aber von Hause abwesend fand, wollte mir der alte Platz gar nicht recht als Heimath erscheinen. Ich ging von einem Zimmer in das andere, und so durch das ganze Haus; und als ich die treue Mutter nicht finden konnte, fragte ich Jemand: „Wo ist die Mutter?" und man sagte mir, sie sei ausgegangen. Da hatte die Heimath den Reiz für mich verloren. Es war diese Mutter, welche für mich die Heimath so anziehend machte; es sind unsere Lieben, um derentwillen wir so an die Heimath gefesselt sind, und es ist die Gegenwart unserer Theuren, welches uns den Himmel so reizend machen wird. Jesus ist dort; Gott der Vater ist dort und Viele, Viele, welche uns hier auf Erden theuer waren, und bald werden wir auf ewig bei ihnen sein.

In Matthäus 18, 10. finden wir deutlich, daß auch die Engel dort sein werden: „Sehet zu, daß ihr nicht Jemand von diesen Kleinen verachtet, denn ich sage euch: Ihre Engel im Himmel sehen allezeit das Angesicht meines Vaters im Himmel."

„Ihre Engel sehen allezeit des Vaters Angesicht." Wir werden dort droben gute Gesellschaft haben, nicht nur bei denen, welche erlöst sind, sondern auch bei denen, die niemals fielen, die niemals erfahren haben, was es bedeutet zu übertreten, die von Ungehorsam nichts wissen, sondern dem Herrn vom Morgen der Schöpfung an treulich dienten.

In Lukas heißt es, daß, als Gabriel dem Zacharias sagte, er solle der Vater des Vorläufers des Messias sein, so zweifelte dieser daran; wohl nie vorher war sein Wort bezweifelt worden. Diesem Zweifel begegnete er mit der Erklärung: „Ich bin Gabriel, der vor Gott stehet." Welch eine erhabene Sache, dies sagen zu können!

Es ist gesagt worden, daß uns bei unserer Ankunft im Himmel drei Dinge in Erstaunen setzen würden — erstens, daß wir manche dort fänden, die wir dort nicht erwartet hätten; zweitens, daß wir manche nicht finden, die wir dort zu treffen erwarteten; drittens — und vielleicht das größte Wunder —, daß wir selbst dort sind.

Eine arme Frau sagte einmal zu Rowland Hill, daß der Weg zum Himmel sehr kurz, leicht und einfach sei und nur drei Schritte erfordere: 1) von uns ausgehen, 2) in Christo eingehen, 3) in die Herrlichkeit eingehen. Wir haben jetzt einen kürzeren Weg — von uns selbst aus- und in Christo eingehen, so sind wir dort. Wie ein todter Mensch kein Erbtheil antreten kann, ebenso wenig kann eine todte Seele den Himmel ererben. Die Seele muß vorher mit Christo auferstehen. Es wird uns gesagt, daß wir unter den Seligen im Himmel eine große Verschiedenheit von Charakter, Geschmack und Gemüthsart finden werden. Es ist daselbst nicht e i n e Wohnung, es sind ihrer viele. Der Himmel hat nicht nur e i n Thor, sondern viele. Nicht nur gegen Mitternacht, sondern auch gegen Mittag, Morgen und Abend sind je drei Thore. Von entgegengesetzten Richtungen des theologischen Compasses, von den verschiedensten Standpunkten der christlichen Welt, von verschiedenen Richtungen des menschlichen Lebens und Charakters, durch verschiedenen Ausdruck ihres allgemeinen Glaubens und Hoffens, durch verschiedene Weisen ihrer Bekehrung, durch verschiedene Theile der hl. Schrift, erreichen die müden Wanderer die himmlische Stadt und treffen sich gegenseitig — nicht ohne Staunen — an den Ufern desselben Lebensstromes. Und an diesen Ufern finden sie einen Baum, der Früchte trägt, aber nicht immer und zu allen Zeiten dieselben, sondern „zwölferlei Früchte", für den verschiedensten Geschmack — für den stillen Dulder, für den thätigen Arbeiter, für den frommen und demüthigen Philosophen, für die Geister der Gerechten, die nun vollkommen geworden; und „diese Blätter dienen zur Gesundheit," nicht nur für eine Kirche oder Volk, nicht nur für den Schotten und Engländer, sondern „zur Gesundheit der Nationen"; — der Franzosen, der Deutschen, der Italiener, der Russen — für Alle diese, woher sie auch in dieser Welt kommen; waren sie auch weit von dem H e i l entfernt, so werden doch die, welche „hungern und dürsten nach Gerechtigkeit, satt werden."

Ein berühmter Gottesgelehrter unserer Zeit sagt: „Als ich ein Knabe war, stellte ich mir den Himmel vor wie eine große, glänzende Stadt, mit Mauern, Thürmen und Kuppeln, und Niemand in derselben als weißgekleidete Engel, welche ich nicht kannte. Aber bald starb mein kleiner Bruder; dann dachte ich an den Himmel als eine große Stadt mit Mauern und Thürmen, bewohnt von kalten, fremden Engeln und einem kleinen Burschen, den ich kannte. Er war zu jener Zeit der einzige Bekannte im Himmel. Bald darauf starb ein anderer Bruder, und somit wußte ich zwei Bekannte dort. Dann starb hie und da einer von meinen Freunden, und die Zahl der himmlischen Bekannten wurde größer. Aber erst, als eins von meinen eigenen Kindern starb, fühlte ich, daß auch ich im Himmel repräsentirt war. Bald starb ein zweites, ein drittes, ein viertes Kind, und es dauerte nicht lange, bis ich so viele Bekannte im Himmel wußte, daß die Mauern, Kuppeln und Thürme ganz vor meinem Blicke verschwunden waren. Ich fing an, die himmlische Wohnung als die Heimath meiner Freunde zu betrachten. Und nun sind so viele meiner Bekannten hinüber gegangen, daß es mir bisweilen vorkommt, als hätte ich mehr Bekannte im Himmel, als auf Erden."

Wir werden ewig leben.

In Johannes 12, 26. heißt es: „Wer mir dienen will, der folge mir nach; und wo ich bin, da soll mein Diener auch sein." Ich kann mit der Ansicht mancher Leute nicht übereinstimmen, daß nemlich Paulus seit seinem Tode im Grabe geschlummert habe und nach den Stürmen von achtzehnhundert Jahren noch dort sei. Ich kann nicht glauben, daß der Mann, welcher seinen Meister so liebte, mit solch brennendem Eifer für ihn wirkte, in einem bewußtlosen Zustande von ihm getrennt ist. „Vater, ich will, daß, wo ich bin, auch die bei mir seien, die du mir gegeben hast, daß sie meine Herrlichkeit sehen, die du mir gegeben hast." So heißt das Gebet Christi.

Wenn ein Mensch an den Herrn Jesum Christum glaubt, so wird er des ewigen Lebens theilhaftig. Hier machen Viele einen Irrthum. „Wer an den Sohn Gottes glaubt, der hat — h a t — hat das ewige Leben"; es heißt nicht, er soll das ewige Leben bekommen, wenn er stirbt; es steht in der Gegenwart; es gehört mir jetzt, wenn ich glaube. Es ist die Gabe Gottes, das genügt. Ihr könnt die Gabe Gottes nicht begraben; ihr könnt das ewige Leben nicht begraben. Alle Todtengräber in der Welt können kein so tiefes Grab graben, daß es das ewige Leben festhalten kann; alle Särgefabrikanten der Welt können keinen Sarg groß und stark genug machen, das ewige Leben festzuhalten, es ist mein, es ist mein!

Ich glaube, wenn Paulus sagt: „Außer dem Leibe und bei dem Herrn zu sein," so meinte er, was er sagte, daß er nicht auf achtzehnhundert Jahre von dem Herrn getrennt sein werde; der Geist, welcher ihm bei seiner Bekehrung mitgetheilt wurde, der war von einem neuen Leben und einer neuen Natur, und diese konnten sie nicht in die Gruft legen, nicht begraben, diese eilten ihrem Schöpfer zu. Selbst der Leib soll auferstehen; dieser Leib, gesäet in Unehre, soll auferstehen in Herrlichkeit: dieser Leib, welcher die Verwesung gesehen, soll anziehen das Unverwesliche, und dies Vergängliche soll anziehen Unvergänglichkeit. Es ist dies blos eine Frage der Zeit. Der große Morgen der Welt wird bald auf dieser Erde tagen, und die Todten werden hervorkommen und die Stimme Dessen hören, welcher ist die „Auferstehung und das Leben."

Paulus sagt: „Wenn unser irdisches Haus dieser Hütte zerbrochen wird, so haben wir einen Bau von Gott erbauet, ein Haus nicht mit Händen gemacht, das ewig ist, im Himmel." Er konnte wohl seinen zerbrechlichen Tempel ablegen, denn er hatte ein besseres Haus. Er sagt an einem Platz: „Es liegt mir beides hart an. Ich habe Lust, abzuscheiden und bei Christo zu sein, welches auch viel besser wäre; aber es ist besser im Fleische bleiben um euretwillen." Mir ist der Gedanke köstlich, daß uns der Tod nicht von dem Herrn zu trennen vermag. Viele Leute leben beständig in den Banden des Todes; aber ich habe das ewige Leben, welches der Tod nicht anrühren kann. Er mag das Haus, in dem ich wohne, treffen, er mag meine Gestalt verändern und meinen Leib ins Grab werfen, das ewige Leben darf er nicht berühren.

Es betrübt mich sehr, daß viele Christenbekenner den Tod auf eine solche Weise ansehen, wie sie thun. Vor einiger Zeit bekam ich einen Brief von einem Freunde aus London, und ich nahm mir vor, diesen Brief Anderen zu zeigen, um sie zu bewegen, den Tod so zu betrachten wie dieser Freund. Ihm war seine liebe Mutter gestorben. Es geschieht in England häufig, daß beim Tode einer Person die Angehörigen Karten aussenden, welche mit einem schwarzen Rande, der bisweilen einen Viertelzoll breit ist, versehen sind; aber dieser Freund hatte einen Goldrand darum drucken lassen, nichts Schwarzes befand sich darauf. Seine Mutter war in die goldene Stadt eingezogen, und daher paßte ein Goldrand viel besser als das abschreckende Schwarz. Ich glaube, es ist viel angemessener, das Andenken unserer dahingeschiedenen Freunde in Gold zu drucken, als mit einem düstern schwarzen Rande zu umgeben.

Es ist ja nicht Tod, es ist Leben. Einst sagte Jemand zu einer sterbenden Person: „Du befindest dich doch also noch im Lande der Lebendigen?" „Nein," war die Antwort, „ich bin noch im Lande der Sterbenden, aber ich ziehe nach dem Lande der Lebenden, denn dort lebt man ohne zu sterben." Dieses ist das Land der Sünde, des Todes und der Thränen; aber droben wird man nimmermehr sterben. Es ist unendliches Leben, es ist ungestörte Freude.

„Es ist herrlich zu sterben," war das Zeugniß der frommen Hanna Moore auf ihrem Sterbebette, obgleich ihr Leben mit liebender Freundschaft umgeben war, und sie auch noch ihrer Liebesarbeit in den Missionsschulen gedachte, welche sie in den Dörfchen zwischen den Felsen gegründet hatte und wo sie so sehr vermißt wurde. Ja

„Freudenvoll, freudenvoll walle ich fort,
Hin zu dem Lande der Seligen dort.
Land der Verheißung, wie lieblich bist du,
End meiner Pilgerschaft, selige Ruh!
Chöre der Engel mit fröhlichem Reim,
Kommen entgegen mir, holen mich heim,
Freudenvoll zieh' ich mein Pilgerkleid aus,
Freudenvoll, freudenvoll selig zu Haus.

Herzlich Geliebte schon drüben ich weiß,
Fröhlich und selig im himmlischen Kreis;
Glücklich vollendet sie zogen voran,
Warten am Ufer auch mich zu empfahn.
Höret sie singen so süß in mein Ohr,

Winken mir freundlich zu ihnen empor.
Werfe ich Anker am herrlichen Strand,
Freudenvoll jauchzend: O seliges Land!"

Kennen wir unsere Freunde?

Viele sind begierig zu wissen, ob sie ihre Freunde im Himmel wieder erkennen werden. In Matthäus 8, 11. lesen wir: „Aber ich sage euch: Viele werden kommen vom Morgen und vom Abend und mit Abraham, und Isaak, und Jakob im Himmelreich sitzen."
Hier finden wir, daß Abraham, welcher so viele Jahrhunderte vor Christo lebte, seine Identität nicht verloren hat; und Christus sagt uns, daß die Zeit kommt, daß sie vom Osten und Westen kommen werden und mit Abraham, Isaak und Jakob im Himmel sitzen. Diese Männer hatten ihre Identität nicht verloren, sie waren bekannt als Abraham, Isaak und Jakob. Und wenn ihr euch an die merkwürdige Begebenheit auf dem Berge der Verklärung erinnert, so findet ihr, daß Moses, welcher schon seit 1500 Jahren die Erde verlassen hatte, dort war. Petrus, Jakobus und Johannes sahen ihn auf dem Berge der Verklärung; sie sahen ihn als Moses, er hatte seinen Namen nicht verloren. Christus sagt von den Ueberwindern: „Und ich werde seinen Namen nicht austilgen aus dem Buch des Lebens." Wir werden auch im Himmel Namen — unsere Namen — tragen und werden erkannt werden.
Im Psalter heißt es: „Ich will satt werden, wenn ich erwache nach deinem Bilde." Das ist genug. Bedürfniß ist hienieden auf jedes Menschenherz geschrieben; aber drüben werden wir gesättigt und zufrieden sein. Ihr mögt die Welt von einem Ende zum andern durchziehen und werdet nicht

einen Menschen finden, der kein Bedürfniß mehr hätte, aber im Himmel werden wir nach nichts mehr verlangen. In der 1. Epistel Johannis im 2. Kapitel lesen wir die folgenden, an die Nachfolger Christi gerichteten Worte:

"Meine Lieben, wir sind nun Gottes Kinder, und ist noch nicht erschienen, was wir sein werden. Wir wissen aber, wenn es erscheinen wird, daß wir ihm gleich sein werden; denn wir werden ihn sehen, wie er ist. Und ein jeglicher, der solche Hoffnung hat zu ihm, der reiniget sich, gleichwie Er auch rein ist."

Zudem ist es sehr wahrscheinlich, in der That halte ich dafür, daß es in der Schrift deutlich gelehrt wird, daß auch viele gleichgültige Christen in den Himmel kommen. Viele werden sozusagen, wie Lot in Sodom, durchs Feuer gerettet werden. Sie werden zur Noth hineinkommen, aber über eine Krone können sie sich nicht freuen. Und alle Welt drängt sich nicht nach dem Himmel. Sehr viele werden dort einst f e h l e n. Ihr wißt, es gibt eine Klasse von Menschen, die sagen uns, daß sie in den Himmel wollen, gleichviel ob sie bekehrt sind oder nicht. Sie behaupten, auf dem Wege zu sein und dort hinzugehen. Sie behaupten, daß am Ende Alle in den Himmel kommen — die Gottlosen und Unerneuerten sowohl als auch die Frommen; daß dort kein Unterschied mehr sei; in andern Worten —wenn ich mich einer deutlichen Sprache bedienen darf — sie wollen Gott Lügen strafen.

Aber sie sagen: "Wir glauben an die B a r m h e r z i g k e i t Gottes." Ich auch. Ich glaube zugleich auch an die göttliche G e r e c h t i g k e i t; und ich denke, der Himmel wäre ein viel schlimmerer Ort als die Erde, wenn dort allen Unbekehrten der Eingang gestattet sei.

Wahrlich, wenn ein Mensch in dieser Welt ewig in seiner Sünde lebte, was würde aus dieser Welt werden? Mir scheint's, sie würde zur H ö l l e. Denkt einmal einen Augenblick an die Geschichte dieses Landes und an Manche, welche in demselben gelebt haben. Angenommen, sie würden nie sterben; sie würden fort und fort in Sünde und Rebellion leben; denkt ihr, Gott würde diese Menschen, welche seinen Sohn verworfen, den Ruf seiner Gnade verachtet, sein Heil verweigert und sein Gesetz mit Füßen getreten haben, in den Himmel nehmen? Meint ihr, der Herr würde sie ohne Weiteres in die Herrlichkeit seines Reiches versetzen? Unter keinen Umständen.

Kein Trunkenbold im Himmel.

„Laſſet euch nicht verführen . . . . noch die Diebe, noch die Geizigen, noch die **Trunkenbolde**, noch die Lästerer, noch die Räuber werden das Reich Gottes ererben."

„Kein Trunkenbold wird das Reich Gottes ererben." Daher sollten solche Mütter, deren Söhne eben jetzt anfangen ein unmäßiges Leben zu führen, aufwachen und nicht ruhen, weder Tag noch Nacht, bis diese Söhne durch Gottes Gnade bekehrt sind, **denn kein Trunkenbold wird das Reich Gottes ererben.** Viele dieser mäßigen Trinker werden Trunkenbolde; Niemand ist je plötzlich ein Trunkenbold geworden. Wie der Teufel doch diese mäßigen Trinker verblendet! Ich kenne keine Sünde, welche ihr Opfer mehr fesselt, als die Sünde der Unmäßigkeit; Hände und Füße sind ihnen gebunden, ehe sie's merken.

Vor einiger Zeit las ich einen Bericht über die Schlangenverehrung in Indien. Mir kam die Sache schauerlich vor. Eine Mutter sah eine Schlange in ihr Haus schleichen und sich um ihr sechs Monate altes Kind ringeln; aber sie hielt die Schlange für zu heilig, um sie anzurühren. Sie sah, wie das Reptil ihr Kind vor ihren Augen würgte, sie hörte dessen herzerschütterndes Jammern, und doch wagte sie nicht, es zu

Seine Einwohner.

retten. Meine Seele bebte, als ich die Geschichte las. Und doch weiß ich nicht, ob wir nicht Dinge in Amerika haben, welche gerade so schlimm sind, als jene Schlange in Indien— Reptile, welche sich in christliche Häuser schleichen, manchen Sohn umschlingen und ihm Hände und Füße binden, während Vater und Mutter zu schlafen scheinen.

O möge der Geist Gottes uns aufwecken! Kein Trunkenbold wird das Reich Gottes ererben — auch kein Schnappsverkäufer. Vergeßt das nicht. Wehe dem, der seinem Nächsten einschenkt auszusaufen! Ich bedaure die Christenbekenner, welche ihre Geschäftshäuser an Saloonhalter vermiethen; ich bedaure sie von Grund meines Herzens. Wenn ihr jemals erwartet, das Reich Gottes zu ererben, dann thut's nie wieder. Wenn ihr eure Häuser zu keinen besseren Zwecken vermiethen könnt, so würden sie besser leer stehen. Diese Idee, daß Alles recht wird, und daß Alle in den Himmel kommen, ob sie Buße thun oder nicht, wird nirgends in der Schrift gelehrt.

Es werden keine Räuber im Himmel sein; keiner jener Männer, welche ihren Nächsten übervortheilen; welche sich deren Unglück, Krankheit in der Familie 2c. zu Nutzen machen, welche unerwartet, zu ungünstiger Zeit die Hypothek kündigen, und sozusagen den Nachbar bei der Gurgel fassen und unter dem Schein des Rechts ihm den letzten Cent abnehmen. Solcher Mensch ist ein Räuber. Er wird das Reich Gottes nicht ererben. Ich bedaure den Menschen, welcher Geld auf eine unehrliche Weise erwirbt. Seht, welche Mühe er hat, es zu halten. Wie gewonnen, so zerronnen. Hast du es unehrlich erworben, so kannst du es nicht halten, und deine Kinder können es nicht halten, es liegt nicht in ihrer Macht. Ihr könnt davon überall Beispiele sehen. Ein Mann, der einen Dollar auf unrechte Weise erhält, thäte besser, denselben zurückzutragen, denn derselbe wird in seiner Tasche brennen.

Manche werden nicht hineinkommen.

Wir lesen, daß Noah über die Sündfluth dahinsegelte. Er war der einzige Gerechte; jedoch nach der Ansicht mancher Leute fegte der liebe Gott die übrigen so gottlosen und unreinen Menschen, die zu gottlos waren, um zu leben, mit den Wassern der Sündfluth direkt in den Himmel und ließ den Gerechten allein im Kampf und Leiden zurück. Trunkenbolde und Diebe und Räuber gehen alle in den Himmel, sagen sie. Ihr möchtet ebensowohl sagen, daß ihr nach Willkür fluchen und morden könntet, — denn Gott würde Alles vergeben, weil er barmherzig ist.

Angenommen, der Gouverneur eines Staates würde alle Verbrecher, welche je vom Gericht eines Verbrechens überführt wurden, alle Diebe in den Gefängnissen begnadigen; angenommen, er würde sie loslassen, weil er so barmherzig sei, daß er deren Bestrafung nicht übers Herz bringen könne, so, denke ich, würde sein Amtstermin in diesem Staate von sehr kurzer Dauer sein. Gerade diese Leute, welche so viel von der Barmherzigkeit Gottes reden, in Folge deren er Niemand bestrafen, sondern alle Menschen begnadigen werde, wären gerade die Leute, welche solchen Gouverneur verdammen und abzusetzen versuchen würden. Lasset uns nicht vergessen, daß die Schrift von einer gewissen Klasse Menschen redet, welche „**das Reich Gottes nicht ererben werden.**" Nun will ich euch die Schrift anführen; es ist am besten, daß ich gerade den Schriftbeweis für diese Behauptungen anführe; wem es dann nicht gefällt, der mag mit der Schrift zanken, und nicht mit mir. Es soll mir Niemand nachsagen, ich hätte bestimmen wollen, wer in den Himmel gehen und wer draußen bleiben solle. Ich will die Schrift für sich selbst reden lassen: „Wisset ihr nicht, daß die Ungerechten werden das Reich Gottes nicht ererben?" 1 Cor. 6, 9.

Seine Einwohner.

Aber die Ungerechten — Hurer, Ehebrecher, Diebe — Alle mögen das Reich Gottes ererben, wenn sie sich von ihren Sünden bekehren. „Der Gottlose lasse von seinen Wegen und der Uebelthäter seine Gedanken"; aber der Ungerechte sagt: „Ich will meine Sünde nicht lassen, ich will zugleich die Sünde genießen und den Himmel ererben." Der betrügt sich selbst.

Ein Mensch, welcher mir meinen Geldbeutel stiehlt, verliert viel mehr als ich. Es schadet mir lange nicht so viel, meinen Geldsack zu verlieren, als es ihm schadet, denselben zu nehmen. Seht, wie viel derjenige, welcher meinen Geldbeutel stiehlt, verliert. Vielleicht bekommt er einige Dollars, aber viel bekommt er nicht. Seht, wie viel er verloren hat. Berechnet einmal Alles, was Jemand verliert, der den Himmel verliert. Denkt darüber einmal nach. Kein Dieb wird das Reich Gottes ererben. Ich würde jedem Dieb rathen: „Stehle nicht mehr." Bitte Gott um Vergebung deiner Sünden und wende dich zu dem Herrn. Wenn du des ewigen Lebens theilhaftig wirst, so hast du mehr gewonnen als die ganze Welt. Wenn du die ganze Welt stehlen würdest, so hättest du damit am Ende nur wenig gewonnen. Die ganze Welt ist von wenig Bedeutung, wenn Jemand dabei nicht das ewige Leben hat, um sich über seinen Besitz freuen zu können.

Heimweh.

> „Wann werde ich dahin kommen, daß ich
> Gottes Angesicht schaue." Pf. 42, 3.

Ein Verlangen, tiefes Sehnen,
Nach der Heimath füllt die Brust,
In dem Auge Freudenthränen,
In dem Herzen Himmelsluft.
Möcht in seligem Vereine
Der erlösten Pilgerschaar,
Mit der oberen Gemeine
Feiern froh das Jubeljahr.

Und schon seh ich mich von Engeln
Froh umschwebt im ew'gen Licht;
Frei von Sünde und von Mängeln
Schau ich Gottes Angesicht.
Blicke in die Nägelmaale,
Höre sein gewaltig Wort;
Sel'ge Schaar, sie beugen alle
Sich vor ihm, dem ew'gen Hort.

Jubelchöre hör ich schallen,
Harfenklänge himmlisch schön,
Ehre, Preis und Ruhm von Allen,
Die des Lammes Thron umstehn;
Und auch mir, dem Erdenstaube
Wird's im Herzen himmlisch wohl,
Triumphirend schaut mein Glaube,
Was ich ahnte sehnsuchtsvoll.

Der Himmel:

Seine Glückseligkeit.

41

Eins mit Christo.

Bist mit Christo du verbunden,
Wird er bald dein Alles werden,
Einen Freund hast du gefunden,
Keinen gleichen gibt's auf Erden.

Weil du lieb ihm bist und theuer,
Wird er liebend dich verklären,
Wird in dir mit heilgem Feuer,
Was noch Gold nicht ist, verzehren.

Leuchten wird er dir als Sonne,
Gottes Tiefen dir enthüllen,
Und mit kaum geahnter Wonne
Schon auf Erden dich erfüllen;

Wird in allem Leid dich trösten,
Segnen dich mit seiner Gnade,
In Gemeinschaft der Erlösten
Führen dich auf heilgem Pfade.

Seinen Frieden wird er spenden
Dir trotz feindlichen Gewalten,
Und wenn sich dein Lauf wird enden,
Dir den Himmel offen halten.

Kapitel III.

Seine Glückseligkeit.

Das kein Auge gesehen hat, und kein Ohr gehöret hat, und in keines Menschen Herz gekommen ist, das Gott bereitet hat denen, die ihn lieben. 1 Cor. 2, 9; Jes. 64, 4.

Wenn einem Worte sich die Thore des Himmels eher öffnen als dem andern, so ist dies Wort der Name Jesus. Es gibt vielerlei Losungsworte, aber Jesus wird die Losung drüben sein. Jesus Christus ist die Himmelsthür, und wer sonstwo hineinzusteigen versucht, der ist ein Dieb und ein Mörder. Aber wenn wir hineinkommen, welche Freude über alle Freude wird es dann sein, Jesum allezeit zu schauen und auf ewig mit ihm zu sein.

Jesaias hat Allen, welche durch den Glauben selig werden, diese Verheißung gegeben: „Deine Augen werden den König sehen in seiner Schöne, du wirst das Land erweitert sehen." Manche von uns mögen nie die Gelegenheit haben, eine Reise um die Welt zu machen. Wir mögen niemals fremde Länder zu sehen bekommen; aber jeder Christ wird einmal „das Land in jener Fern" schauen dürfen. Das ist für uns das Land der Verheißung. John Milton sagt von den Seligen, welche schon drüben sind:

„Sie wandeln mit Gott
In Seligkeit hoch, und auf Fluren der Wonne."

Dort drüben ist ein wonnevolles Klima. Hier auf Erden suchen die Leute nach einem guten Klima, welches ihnen in ihren verschiedenen Leiden und Schmerzen Linderung bringt. Aber vor dem Klima des Himmels muß jedes Leiden und jede Krankheit weichen. Dort gibt's keine Gelegenheit zum Klagen. All unsere Leiden und Schmerzen lassen wir hinter uns und finden dort ewige Gesundheit, wie man dieselbe auf Erden nicht kennt.

Aber ihr wißt, daß kein sterbliches Auge im Stande wäre, das Anschauen Christi, des himmlischen Königs, zu ertragen. In 1. Timotheum 6 lesen wir von Christo:

„Der König aller Könige und Herr aller Herren, der allein Unsterblichkeit hat; der da wohnet in einem Licht, da Niemand zukommen kann, welchen kein Mensch gesehen hat, noch sehen kann."

Als Sterbliche können wir dieses Licht nicht ertragen. Unsere schwachen Organe würden von diesem Glanz der Herrlichkeit geblendet werden.

In Hesekiel 1, 28. lesen wir, daß der Prophet einen schwachen Blick von demselben hatte:

„Gleichwie der Regenbogen stehet in den Wolken, wenn es geregnet hat; also glänzte es um und um. Dies war das Ansehen der Herrlichkeit des Herrn. Und da ich es gesehen hatte, fiel ich auf mein Angesicht, und hörete Einen reden."

Setzen uns doch schon die Gotteswerke hier auf Erden in Erstaunen. Keiner von uns kann der Sonne direkt ins Angesicht schauen. Aber wenn dies Sterbliche wird anziehen die Unsterblichkeit, wie Paulus sagt, so wird die Kraft der Seele sich ausbreiten. Dann werden wir im Stande sein, den Herrn zu schauen in seiner Herrlichkeit. Obschon der Mond sein Antlitz verhüllt, und die Sonne erblaßt vor solchem Glanz, so werden wir ihn schauen, wie er ist. Das ist's, was den Himmel so herrlich macht. Wir wissen Alle, daß großes Glück auf dieser Erde nicht wohnt. Unser Verstand, die Offenbarung, sowie die Erfahrung von sechs Jahrtausenden, bestätigen dies. Kein Mensch hat das Vermögen, es zu verleihen. Selbst unsere besten Handlungen befriedigen das Herz nicht vollkommen, denn völliges Glück bietet diese Erde nicht. Das genießt man erst im Himmel; zwar kommt uns dasselbe auch hier oft schon so nahe, daß man die Vorläufer seiner Freude und Schönheit zu sehen wähnt, wie Columbus die fremdartigen Vögel wahrnahm, welche sein Schiff umkreisten, ehe er die Ufer Amerikas erblickte.

Alle Freuden des Himmels werden von der Gegenwart Gottes ausfließen. Das ist der Hauptgedanke von Allem, was die Schrift über diesen Gegenstand sagt. Was das Leben auf Erden ohne Gesundheit ist, das wären die Freuden des Himmels ohne die Gegenwart Gottes. Die Gegenwart Gottes wird das Licht und Leben des Ortes sein. Es heißt, daß eine Uebersetzung der Worte, welche die Gegenwart Gottes schildern, lautet: „der beglückende Blick." Es wird ein Anblick sein, wie die Rückkehr eines Sohnes zu seiner Mutter, oder der erste Blick auf das Vaterhaus nach langer Abwesenheit von der Heimath. Manche von euch wissen, wie ein kurzer Sonnenblick an einem trüben Tage, oder das Lächeln eines lieben Freundes in Trübsal uns oft aufzumuntern vermag. Etwas Aehnliches wird es drüben sein, nur noch tausendmal herrlicher. Unsere Gotteserkenntniß wird dann klarer sein, und das wird uns veranlassen, ihn inniger zu lieben.

Je besser wir Gott kennen, desto inniger werden wir ihn lieben. Viele von uns würden Gott mehr lieben, wenn wir besser mit ihm bekannt wären. Es gewährt Christen hier auf Erden schon große Freude, über die Vollkommenheit Christi nachzudenken, aber was wird es einmal werden, wenn wir ihn sehen, wie er ist.

Wir werden Christo gleich sein.

Es wurde einmal Jemand gefragt, was er im Himmel zu thun gedenke? Er antwortete, daß er die ersten tausend Jahre im Anschauen Christi verbringen werde, dann werde er sich nach Petrus und dann nach Jakobus und dann nach Johannes umschauen, und die ganze Zeit werde ihm im freudigen Anblick dieser großen Gottesmänner schnell vergehen. Aber mir scheint es, daß uns ein einziger Blick auf den Erlöser für Alles, was wir hier für ihn gethan, reichlich belohnen werde; für alle Opfer, welche wir bringen, um ihn zu schauen — nur, um ihn zu schauen. Aber wenn wir ihn einmal schauen, so werden wir ihm gleich sein, denn wir sind seines Geistes theilhaftig geworden. Jesus, der Heiland der Welt, ist dort, und wir werden ihn schauen von Angesicht zu Angesicht.

Es sind nicht die Perlenthore, noch die Mauern von Edelstein und die goldenen Gassen, welche uns den Ort zum Himmel machen. Das würde uns nicht befriedigen. Wäre das Alles, so hätten wir kein Verlangen, ewig dort zu bleiben. Ich hörte von einem Kinde, dessen Mutter krank war; und während die Mutter große Schmerzen litt, nahm eine Nachbarin das Kind zu sich, bis die Mutter wieder gesund sei. Aber anstatt zu genesen, starb die Mutter, und man beschloß, das Kind erst nach der Beerdigung derselben wieder heimzubringen, und wolle ihm ihren Tod verschweigen. So brachte man denn das Kind endlich wieder heim. Zuerst ging es in die Wohnstube, um die Mutter dort zu finden; dann suchte es im Parlor, dann in einem andern Zimmer, bis das ganze Haus durchsucht war. Zuletzt fragte das Kind: „Wo ist meine Mutter?" Und als man ihm sagte, die Mutter sei fort, so wollte die Kleine wieder ins Nachbarhaus zurückkehren. Die Heimath hatte ihre Anziehungskraft für es ver=

Seine Glückseligkeit.

loren, seit die Mutter in derselben fehlte. Nein, es sind nicht die Perlenthore noch die goldenen Gassen, welche den Himmel ausmachen. Es ist unser Zusammenleben mit dem Herrn. Wir werden uns der Gegenwart des Herrn freuen und „bei dem Herrn sein allezeit."

Es gab eine Zeit, in der ich mehr von Jesus Christus hielt, als vom Vater; Christus erschien mir so viel näher, weil er Mensch und der Mittler zwischen mir und Gott geworden. In meiner Einbildung setzte ich Gott in weiter Ferne als ernsten Richter auf einen hohen Thron; aber Christus war gekommen als Mittler und erschien mir viel näher als Gott der Vater. Ueber diese Idee bin ich jedoch längst hinausgekommen, da mir Gott einen Sohn bescherte, und während zehn Jahren hatte ich nur einen einzigen Sohn, und beim Anblick meines heranwachsenden Kindes kam mir der Gedanke, daß es mehr Liebe erfordere auf der Seite Gottes, seinen einigen Sohn für mich zu geben, als für den Sohn, mein Leben für mich zu lassen. Denkt an die Liebe, welche Gott zu dieser Welt hatte, da er Jesus Christus für sie dahin gab.

Wenn ihr Apostelgeschichte 7, 55. leset, so findet ihr, daß Stephanus, während er gesteinigt wurde, seine Augen aufhob, und es schien, als ob Gott den Vorhang zurückschiebe, und es wurde ihm gestattet, einen Blick in die himmlische Stadt zu werfen und Jesum zur Rechten Gottes zu sehen. Als Jesus gen Himmel ging, führte er das Gefängniß gefangen und nahm seinen Sitz ein, denn seine Arbeit war vollendet; aber als Stephanus ihn sah, stand er, und ich kann mir vorstellen, wie er den Kampf dieses Märtyrers beobachtete — dieses ersten Märtyrers, dem jedoch noch viele folgen sollten. Ihr könnt die Fußtritte der Millionen hören, welche ihm nachkamen, um ihr Leben für den Sohn Gottes niederzulegen. Aber Stephanus führte den Reigen — er war der erste Märtyrer, und als er starb um Christi willen, schaute er himmelwärts; und Jesus stand, um seinen Knecht willkommen zu heißen, und der hl. Geist kam herab, um Zeugniß zu geben, daß Christus dort sei. Wie können wir denn daran zweifeln? Ein Bettler freut sich nicht über den Anblick eines Palastes. Die Schönheit der Architektur macht auf ihn keinen Eindruck. Der Blick auf ein königliches Gastmahl stillt den Hunger eines Verschmachtenden nicht. Aber der Anblick des Himmels ist gleichbedeutend mit dem Bewußtsein, Antheil an demselben zu haben. Es würde keine Freude sein, wenn wir nicht wüßten, daß ein Theil davon unser wäre. Gott vereinigt unsere Seelen mit sich selbst. In 2. Petri lesen wir, daß wir der göttlichen Natur theilhaftig werden. Wenn ihr ein Stück Eisen ins Feuer thut, so verliert dasselbe bald seine dunkle Farbe und wird roth und heiß wie das Feuer; aber es verliert deßhalb nicht seine Eisennatur. So wird die Seele hell von Gottes Licht, schön von Gottes Schönheit wie durch Gottes Reinheit, und warm von dem Feuer seiner vollkommenen Liebe, und bleibt dennoch eine menschliche Seele. Wir werden ihm gleich sein und doch auch bleiben, wer wir sind.

Man erzählt eine Fabel von einem Könige, welcher während der Jagd in einem Walde einen blinden Waisenknaben fand, der ein fast thierisches Leben führte. Der König, von Mitleid gerührt, adoptirte den Knaben und ließ ihn in Allem, was ein Blinder nur lernen kann, unterrichten. Als derselbe sein einundzwanzigstes Jahr erreicht hatte, heilte der König, welcher zugleich auch ein geschickter Arzt war, seine Augen und nahm ihn in seinen Palast, wo er ihn in Gegenwart seines ganzen Hofstaates als einen seiner Söhne erklären ließ und Allen befahl, ihm ihre Achtung und Liebe zu beweisen. Auf diese Weise wurde der einst freundlose Waisenknabe ein Prinz und Theilhaber königlicher Ehren und genoß alles Glück und alle Freude, welche ihm der königliche Palast nur bieten konnte. Wer kann den Jubel schildern, welcher die Seele dieses Jünglings durchbebte, als er zum ersten Male den König schaute, von dessen Güte und Majestät man ihm so viel erzählt hatte? Wer kann die Freude schildern, als er zum ersten Male seine königliche Uniform sah und nun wußte, daß er in die Familie aufgenommen war, wo Alle ihm Ehre und Liebe bewiesen?

Und ist nicht Jesus dieser erhabene und mächtige König, welcher unsere Seelen in der Wüste dieser sündhaften Welt findet? Er findet uns, wie wir im 3. Kapitel der Offenbarung lesen: „arm und elend, blind und bloß." Im 1. Kapitel desselben Buches lesen wir, daß er uns „gewaschen hat von unseren Sünden mit seinem eigenen Blut," und wieder im 61. Kapitel Jesaias, daß er uns mit „dem Rock der Gerechtigkeit und Kleidern des Heils" gekleidet hat. Er hat uns mit dem Rock der Gerechtigkeit bekleidet, wie ein Bräutigam angekleidet ist in seinem Schmuck, und wie „eine Braut in ihrem Geschmeide bärdet."

Die Mission des Evangeliums an die Sünder, wie wir sie im 26. Kapitel der Apostelgeschichte bezeichnet finden, ist: „aufzuthun ihre Augen, daß sie sich bekehren von der Finsterniß zum Licht, und von der Gewalt des Satans zu Gott, damit sie empfangen Vergebung der Sünden und das Erbe sammt denen, die geheiligt werden durch den Glauben an mich," dieses ist, was Christus für jeden Christen erworben hat. Er hat uns mit Gnade gezieret, als sein Kind uns angenommen, und wie es 1. Corinther im 3. Kapitel heißt:

„Es ist alles euer. Es sei Paulus oder Apollo, es sei Kephas oder die Welt, es sei das Leben oder der Tod, es sei das Gegenwärtige oder das Zukünftige; alles ist euer. Ihr aber seid Christi, Christus aber ist Gottes."

Er hat euch sein Wort gegeben, euch für den Himmel vorzubereiten; er hat eure Augen geöffnet, daß ihr nun sehet.

Durch seine Gnade und durch eure Mitwirkung wird eure Seele nach und nach seinem Bilde immer ähnlicher werden. Zuletzt ruft euch euer himmlischer Vater heim, wo ihr die Engel und Heiligen schauen werdet, und mit dem herrlichen Glanz Christi angethan, werdet ihr um seinen Thron stehen und hören das Wort, welches euch in seine Gesellschaft einnimmt: „Ei du frommer und getreuer Knecht, gehe ein zu deines Herrn Freude." Im 16. Kapitel Johannes sagt Jesus selbst: „Alles, was der Vater hat, das ist mein; darum habe ich gesagt: Er wird es von dem meinen nehmen und euch verkündigen." Alles ist euer. Wie arm und gering sind dagegen alle Erdenfreuden. Wie wahr sind doch die Worte des Dichters:

„Reicher kann ich nirgends werden,
Als ich schon in Jesu bin;
Alle Schätze dieser Erden
Sind nur schnöder Weltgewinn.
Jesus ist das rechte Gut,
Wo die Seele freudig ruht."

Jenseit des Stromes.

Es wird uns gesagt, daß Freude ist im Himmel über Sünder, die Buße thun. Wir lesen in Lukas 15, 7: „Also sage ich euch wird auch Freude sein im Himmel über einen Sünder, der Buße thut, mehr denn über neunundneunzig Gerechte, die der Buße nicht bedürfen." Wenn eine Präsidentenwahl in den Ver. Staaten herannaht, so macht das gewaltige Aufregung. Es gibt kaum eine Zeitung zwischen Maine und Californien, welche nicht auf jeder Blattseite etwas über den betreffenden Candidaten zu sagen hätte; das ganze Land ist in Bewegung; aber ich zweifle, ob man im Himmel etwas davon wahrnimmt. Wenn die Königin Victoria ihrem Thron entsagte, so würde das eine gewaltige Aufregung unter den

Seine Glückseligkeit.

Völkern der Erde verursachen, die ganze Welt würde sich für den Vorgang interessiren, man würde es von einem Ende der Welt zum andern telegraphiren; aber vielleicht nähme man im Himmel gar keine Notiz davon. Aber wenn ein kleiner Knabe oder ein kleines Mädchen, ein Mann oder eine Frau anfängt Buße zu thun, das wird im Himmel beobachtet. Da droben betrachten sie die Dinge von einem anderen Standpunkte; Sachen, die uns wichtig sind, haben dort keine Bedeutung, und Dingen, die wir kaum achten, denen legt man dort große Wichtigkeit bei. Denkt einmal! Mit einer unserer Handlungen können wir Freude im Himmel verursachen. Welch ein Gedanke, daß der ärmste Sünder auf Erden durch sein Thun die himmlischen Heerschaaren in einen Jubel versetzen kann!

Ich weiß nicht, ob es so ist oder nicht, aber es mag ja sein, daß unsere Freunde, welche aus der Zeit hinüber gingen in die Herrlichkeit, auf uns herniederschauen; und wenn sie sehen, wie diejenigen, für welche sie hier gebetet haben, anfangen Buße zu thun, daß es ihre Herzen mit hoher Freude erfüllt. Eben jetzt mag eine Mutter, welche zum ewigen Frieden einging, auf ihren Sohn oder ihre Tochter herabblicken, und wenn dies Kind sagte: „Ich will meine Mutter drüben wieder treffen; ich will mich bekehren und ewig bei dir sein, liebe Mutter," so würde das ein himmlischer Freudenstrahl in der Seele dieser Mutter sein, und vor den Engeln Gottes würde sie sich freuen.

Nach einer Versammlung in Dublin kam ein Mann ins Betzimmer mit seiner einzigen Tochter, deren Mutter kurze Zeit vorher gestorben war, und er betete: „O Gott, laß diese Wahrheit tief in das Herz meiner Tochter eindringen und gib, daß die Gebete ihrer Mutter heute erhört und mein Kind gerettet werde." Als sie von den Knieen aufstanden, legte das Kind seinen Arm um den Hals des Vaters und sagte: „Ich will meine Mutter im Himmel treffen, ich will ein Christ werden." An jenem Tage fand sie ihren Heiland. Jener Mann predigt gegenwärtig in Texas, und seine Tochter ist vor einiger Zeit gestorben und ist nun bei ihrer Mutter in der Herrlichkeit. Welch ein glückliches, seliges Wiedersehen muß das gewesen sein! Es mag eine Schwester oder ein Bruder sein, die euch von jenseit hinüber winken.

> „Gott, welche Schaar ist dort vereint:
> Die Frommen, die ich hier beweint,
> Die find' ich droben wieder.
> Dort sammelt deine Vaterhand,
> Die deine Liebe hier verband,
> Herr, alle deine Glieder.
> Ewig werd' ich,
> Frei von Mängeln,
> Selbst mit Engeln
> Freundschaft pflegen;
> O, ein Umgang voller Segen."

Wer du auch immer bist, zaudere nicht!

Es wird eine Geschichte von einem Vater erzählt, welcher mit seinem kleinen Kinde eines Abends spät draußen ging. Die Nacht war dunkel, und sie hatten durch einen dichten Wald nach dem Flußufer zu gehen. Am andern Ufer sahen sie hie und da ein Lichtlein flimmern und noch weiter entfernt sahen sie die größeren Lichter in der Stadt, nach welcher sie gingen, aufleuchten. Die Kleine war müde und schläfrig, und der Vater hielt sie auf seinen Armen, während er auf den Fährmann wartete, der von der andern Seite herüberkam. Endlich sahen sie ein kleines Licht, näher und näher kam das Plätschern der Ruder, und endlich saßen sie sicher im Kahn.

„Papa," sagte das kleine Mädchen.

„Was willst du, mein Kind?"

Seine Glückseligkeit.

„Es ist sehr dunkel, und ich kann das Ufer nicht sehen. Wohin gehen wir?"

„Der Fährmann weiß den Weg, mein Kind. Wir werden bald drüben sein."

„O, ich wünschte, wir wären schon dort, Papa."

Bald wurde sie daheim von liebenden Armen empfangen, und ihre Angst war verschwunden. Einige Monate vergingen, und dies selbe Kind stand am Ufer eines tieferen, düstereren Flusses, als jener war. Es war der Todesjordan. Derselbe liebende Vater stand ihr zur Seite, niedergeschlagen darüber, daß sein Kind diesen Strom kreuzen mußte, und er konnte nicht mit ihm gehen. Lange Tage und Nächte haben die Eltern an seinem Lager gewacht und sie nur verlassen, um ihre Mahlzeiten einzunehmen und um die Erhaltung des theuren Lebens zu beten. Stundenlang hatte sie nun geschlafen, und es schien, als ob sie, ohne wieder zu erwachen, hinüberschlummern werde. Aber früh am Morgen wachte sie auf einmal auf, ihr Auge hell, ihr Verstand klar, und Alles an ihr schien Leben zu sein. Auf ihrem Angesicht nahm man ein freundliches Lächeln wahr.

„Vater," sagte sie, „ich bin wieder am Ufer des Flusses angekommen und warte auf den Fährmann, um mich hinüberzufahren."

„Scheint der Strom dir auch so kalt und düster als damals, mein Kind?"

„O nein, es ist nichts düsteres hier. Der Strom ist mit schwimmendem Silber bedeckt. Der Kahn, welcher mir entgegen kommt, scheint von hellem Licht umgeben, und es graut mir nicht vor dem Fährmann."

„Kannst du über den Fluß hinübersehen, meine Liebe?"

„O ja, es liegt dort eine große, schöne Stadt, hell erleuchtet, und ich höre die Musik der Engel."

„Siehst du Jemand am andern Ufer?"

„O ja, ja, ich sehe einen sehr schönen Mann, und er winkt mir, zu ihm zu kommen. O, Fährmann, beeile dich! Ich weiß, wer es ist. Es ist Jesus, mein lieber, theurer Jesus. Er wird mich in seine Arme nehmen. An seiner Brust werde ich ausruhen. Ich komme — ich komme."

Mit diesen Worten ging sie über den Todesjordan, welcher ihr in der Gegenwart ihres Erlösers wie ein Silberstrom erschien.

Noch etwas mehr.

Es gibt kaum einen unbekehrten Mann irgendwo, nichts daran gelegen, wie hoch seine Stellung oder wie reich er sein mag, wenn ihr sein Vertrauen gewinnt, so wird er euch eingestehen, daß er nicht glücklich ist. Er verlangt nach etwas, das er nicht finden kann, oder er hat etwas, das er loszuwerden sucht. Es ist sehr zu bezweifeln, ob der Kaiser von Rußland glücklich ist, obgleich er wohl Alles hat, was er je bekommen kann. Obschon die Königin Victoria Paläste und große Reichthümer besitzt und daneben auch — was viele Herrscher entbehren — die Liebe ihres Volkes, so ist es doch sehr zweifelhaft, ob sie aus ihrer Stellung viel Vergnügen zieht. Wenn Könige und Königinnen Christum lieben und durch ihn erlöst sind, so sind sie glücklich. Wenn sie wissen, daß sie den Himmel ererben, wie der geringste ihrer Unterthanen, so mögen sie Frieden haben. Paulus, der demüthige Teppichweber, wird einen höheren Platz im Himmel haben, als der beste und größte Fürst, der jemals gelebt hat. Wenn der Zar von Rußland John Bunyan, den armen Klempner, im Himmel treffen würde, so träfe er in demselben wahrscheinlich einen Höheren, als er selbst ist.

Nur das Christenleben ist ein glückliches Leben. Außer demselben gibt es keinen Frieden. Wenn wir jung sind, haben wir große Pläne, zerstören dieselben oft aber bald

Seine Glückseligkeit. 55

durch unsere Hast. Wir bedürfen Erfahrung. Wenn wir dann alt werden, dann haben wir wohl die Erfahrung, aber es fehlen uns die Kräfte, unsere Pläne auszuführen. „Glücklich das Volk, deß der Herr sein Gott ist!" Die einzige Weise, glücklich zu sein, ist, gut zu sein. Der Mensch, welcher aus Noth stiehlt, sündigt, weil er sich fürchtet, unglücklich zu sein, vergißt aber für den Augenblick, wie unglücklich die Sünde ihn machen wird. Schlecht wie er ist, so ist der Mensch doch der beste Gegenstand auf Erden, und es ist nicht schwer zu begreifen, daß derselbe in nichts, das unter ihm steht, sein Glück finden kann. Der einzige Gegenstand, der besser ist als wir, ist Gott, und er begreift alles ein, was uns je beglücken kann. Gold, welches eigentlich nur ausgegrabenes Gestein ist, kann uns nicht beglücken. Die Ehre und der Ruhm von Menschen ebensowenig. Die menschliche Seele verlangt nach etwas Höherem als dies. Der Himmel ist der einzige Platz, wo wir es finden. Kein Wunder, daß die Engel, welche stets das Angesicht Gottes schauen, glücklich sind.

Die Zöllner besuchten Johannes den Täufer in der Wüste, um ihn zu fragen, was sie thun sollten. Manche der Vornehmsten des Landes besuchten ebenfalls den sonderlichen Einsiedler, um von ihm zu erfahren, wie sie glücklich werden könnten. „Selig ist der Mann, der sich auf Gott verläßt!" Weil die Erde kein wahres Glück bietet, darum lohnt es sich nicht, für sie zu leben. Und weil alles Glück droben ist, darum ist es der Mühe werth zu sterben, um den Himmel zu ererben. Im Himmel ist lauter Leben und kein Tod. In der Hölle ist lauter Tod und kein Leben. Hier auf Erden, die zwischen Himmel und Hölle steht, ist beides, Leben und Sterben. Wenn wir hier der Sünde gestorben sind, werden wir im Himmel leben, wenn wir aber der Sünde leben, so wird ewiger Tod die Folge sein.

Wißt ihr, daß jeder Christ zweimal stirbt? Zuerst stirbt er geistlich der Sünde ab — das ist die erneuerte Seele. Dann fängt er an, die Freuden des Himmels zu fühlen. Die Freuden des Himmels berühren unsere Erde, wie die Strahlen der Sonne. Dann folgt der natürliche Tod, welcher uns den Weg bahnt für den Himmel. Natürlich muß der alte sündliche Leib verwandelt werden. Ihn können wir nicht mit in den Himmel nehmen. Es ist ein verklärter Leib, den wir in der Auferstehung erhalten werden, nicht ein sündlicher. Unsere Leiber werden verklärt, wie der verklärte Leib Jesu Christi.

Im Himmel wird keine Versuchung sein. Wenn es keine Versuchung in der Welt gäbe, so könnte Gott uns nicht prüfen. Er will sehen, ob wir treu sind. Darum setzte er verbotene Bäume ins Paradies; darum gab es Kananiter im Lande Israel. Wenn wir einen Samen säen, so verschwindet derselbe bald, und ein anderer, der jenem ähnlich sieht, aber doch ein anderer Same ist, kommt zum Vorschein. So werden auch unsere und die Leiber derer, die wir kennen und lieben, auferwecket werden und dem früheren Leibe ähnlich und doch nicht ganz gleich sein. Christus nahm denselben Leib, der am Kreuze gelitten, mit in den Himmel, es sei denn, er wäre noch in der Himmelfahrtswolke verändert worden, nachdem ihn die Jünger nicht mehr sehen konnten. Und doch muß derselbe nach der Auferstehung ein etwas verändertes Aussehen gehabt haben, denn Maria Magdalena, welche ihn zuerst sah, kannte ihn nicht, ebensowenig die Jünger, welche mit ihm wandelten und von ihm selbst mit ihm redeten; sie erkannten ihn nicht, bis er in Emmaus dankte und das Brod brach. Selbst Petrus kannte ihn nicht, als er am Seeufer erschien. Thomas wollte nicht glauben, bis er seine Finger in die Nägelmale und die Hand in seine Seite gelegt habe. Aber im Himmel werden wir ihn alle kennen.

Seine Glückseligkeit.

Es gibt zwei Dinge, welche die Schrift so deutlich macht wie die Ewigkeit: Eins ist, daß wir Christus schauen, und das andere, daß wir ihm gleich sein werden. Gott wird dort sein Antlitz nie von uns wenden, und Satan wird das seinige nie dort zeigen.

Nach allem ist zwischen dem Gnadenstande und dem Himmel kein so großer Unterschied. Die Gnade ist die Knospe, die Herrlichkeit die Blüthe. Der Gnadenstand ist der Anfang des Himmels, der Himmel ist der vollkommene Gnadenstand. Es wird denen, welche hienieden Gott dienen, nicht schwer werden es zu thun, wenn sie hinüber kommen. Sie werden nur den Platz, nicht aber die Beschäftigung verwechseln.

Höher hinauf.

Sobald der Mensch himmlisch gesinnt wird, und sein Herz nach dem trachtet, das droben ist, dann wird sein Leben schön, das Licht des Himmels scheint auf seinem Wege, und er braucht sich nicht fortwährend Vorwürfe zu machen, daß er nicht Christum ähnlicher ist. Es fragte Jemand einen Schottländer, ob er auf dem Wege nach dem Himmel sei, und derselbe antwortete: „Ei, lieber Mann, ich bin nicht nur auf dem Wege, ich lebe im Himmel." Das ist's gerade. Wir müssen im Himmel leben; während wir auf Erden wandeln, ist es unser Vorrecht, daß unser Herz und unsere Neigung im Himmel sind. Ich hörte einmal Mr. Morehouse eine Geschichte von einer Dame in London erzählen, welche einen armen, kranken Heiligen fand und dann eine reiche Frau traf, die beständig über ihre Umstände zu klagen hatte. Ich denke bisweilen, daß die Leute, für welche Gott am meisten thut, am wenigsten an ihn denken und nach ihm fragen, und in seinem Dienste am wenigsten leisten. Jene Dame war eine Missionarin, welche sich der Armen annahm und sagte, wenn sie bisweilen niedergeschlagen fühle und der Aufmunterung bedürfe, so besuche sie jene kranke Frau. (Es gibt auch einen Platz in Chicago, wohin manche Christen gehen und solche Heiligen besuchen, wenn sie sich nach Stärkung ihres Glaubens sehnen. Eine Freundin sagte mir einmal, daß der Herr in den meisten Städten solche Heilige hielte, um Engel zu beherbergen, wenn sie zur Ausrichtung von Liebeswerken hinzögen, denn es schien, daß diese Heiligen oft von den himmlischen Heerschaaren besucht würden.) Nun, jene Missionarin beabsichtigte, die reiche Frau mit jener kranken Heiligen bekannt zu machen, daher lud sie sie mehrere Male zu solchem Besuche ein. Endlich ließ sie sich bewegen, und nachdem sie eine dunkle, schmutzige Treppe erstiegen hatten, sagte die reiche Dame:

„Welch ein schrecklicher Ort dies. Warum haben Sie mich hierher gebracht?"

Die Missionarin lächelte und sagte: „Höher droben ist es besser."

Darauf kletterten sie eine andere Treppe empor, aber es wurde nicht heller. Wieder schalt und klagte die Dame, worauf die Missionarin ruhig entgegnete: „Weiter droben ist es besser." Und als sie endlich ins fünfte Stockwerk gelangten, öffneten sie die Thür, traten in ein schönes, mit Teppichen belegtes Zimmer, in dem sich Blumen und ein Kanarienvogel in einem niedlichen Käfig befanden. Hier wohnte jene fromme Frau, welche ihnen lächelnd die Hand entgegenstreckte. Die reiche Dame sagte zu ihr:

„Es muß aber doch sehr hart für Sie sein, hier oben zu wohnen und zu leiden."

„O, das ist von keiner Bedeutung," sagte diese; „es ist nicht so schwer, und weiter droben ist es besser."

Wenn uns nicht Alles geht, wie wir es gerne hätten, wenn wir manches zu beklagen haben, so können wir uns trösten

und sagen: „Weiter oben ist es besser, je weiter wir kommen, desto besser wird es." So erheben wir unsere Herzen aufwärts und freuen uns, daß es der H e i m a t h zu geht.
Ihr kennt die schönen Zeilen:

„Tod verschwindet, Leben sieget,
Blitzschnell unsre Zeit verflieget.

Ruhe winket, Arbeit endet,
Heimwärts unser Pfad sich wendet.

Recht wird siegen, Unrecht weichen,
Erdenlust muß bald verbleichen.

Thränenquellen nicht mehr fließen,
Wenn uns Himmelslieder grüßen.

Wir werden bei dem Herrn sein allezeit.
(1 Theff. 4, 17.)

Von Meta Heußer-Schweizer.

„Wir werden bei dem Herrn sein allezeit!"
O Heimathlaut in fremden Pilgerthalen!
Tief dunkel ist die ernste Ewigkeit, —
Doch wie durch Nachtgewölk des Mondes Strahlen,
Glänzt der Verheißung Licht durch Todesleid:
Wir werden bei dem Herrn sein allezeit.

Bei ihm daheim! in seiner Liebe ruht
Die Seele aus von ihrer Irrfahrt Schmerzen.
Der bangen Sehnsucht Ziel, das höchste Gut,
Der Herzen Heimath ist in seinem Herzen;
Er ging voran, die Stätte steht bereit:
Wir werden bei dem Herrn sein allezeit.

Du Gotteswort, dem froh der Glaube traut,
Wohl magst du allen Erdenjammer stillen, —
Das finstre Thal, vor dem die Seele graut,
Mit Morgenroth und heil'gem Frieden füllen.
O Heimathlicht aus dunkler Ewigkeit:
Wir werden bei dem Herrn sein allezeit.

Der Himmel:

Seine Gewissheit.

61

Das neue Jerusalem.

Wallet sanft, ihr Töne!
Salem glänzt, die Schöne,
Mir ins Angesicht.
Festlich strahlen dorten
Diamantne Pforten,
Hell wie Sonnenlicht.
Ist ein Stein,
Ein Glas so rein?
Glänzt wie Salem in der Ferne,
So die Pracht der Sterne?

Aller Glanz verdunkelt,
Der auf Erden funkelt,
Sonn und Sonnenstrahl,
Jaspis und Rubinen,
Spielend Feu'r in ihnen,
Morgenthau im Thal.
Kronenpracht
Verlöscht, wie Nacht,
Wenn der neuen Sonne Strahlen,
Salems Pforten malen.

Gott ist ihre Sonne,
Ist der Frommen Wonne,
Und sie preisen ihn.
Lebensström' ergießen
Sich vom Stuhl und fließen
Ueber Goldsand hin.
Und vom Thron
Erschallt der Ton:
„Schauet, Gott in ihrer Mitte,
Der Erlösten Hütte."

Kapitel IV.

Seine Gewißheit.

> In meines Vaters Hause sind viele Wohnungen....
> Ich gehe hin, euch die Stätte zu bereiten. Joh. 14, 2.

Es gibt Leute, die verlassen sich so sehr auf ihren Verstand, daß sie mit demselben Gott wegdisputiren. Sie sagen, Gott ist keine Person, die wir je sehen können. Sie sagen, Gott ist ein Geist. Das ist er allerdings, aber er ist auch eine Person; und ist einst Mensch geworden und hat auf Erden gewandelt. Die Schrift lehrt uns deutlich, daß Gott eine Wohnung hat. Darüber herrscht kein Zweifel. Eine Wohnung aber setzt eine Persönlichkeit voraus. Gottes Wohnung ist im Himmel. Er hat eine Wohnung, und wir werden seine Hausgenossen sein. Darum werden wir ihn auch sehen. In 1. Könige 8, 30. heißt es:

> Und wollest erhören das Flehen deines Knechtes und deines Volks Israel, daß sie hier thun werden an dieser Stätte deiner Wohnung, im Himmel, und wenn du es hörest, gnädig sein.

Diese Idee, daß der Himmel überall und nirgends sein sollte, stimmt nicht mit der Schrift. Der Himmel ist Gottes Wohnung, und als Christus in diese Welt kam, lehrte er uns beten: „Unser Vater in dem Himmel." Diese Wohnung wird auch die Stadt des ewigen Lebens genannt. Denkt euch eine Stadt ohne Kirchhof — dort ist kein Sterben mehr. Wenn es eine solche Stadt auf Erden gäbe, wie würden die Leute dorthin strömen! Wie würde man sich bemühen, diese

Stadt zu erreichen! Aber auf Erden gibt es eine solche nicht. Eine Stadt ohne Thränen — Gott wischt dort alle Thränen ab. Hier ist die Zeit des Weinens, aber bald wird uns Gott an eine Stätte versetzen, wo keine Thränen mehr sein werden. Eine Stadt ohne Schmerzen, ohne Sorgen, ohne Krankheit, ohne Tod. Keine Finsterniß ist dort. „Das Lamm wird ihre Sonne sein." Sie bedarf weder der Sonne noch des Mondes. Das Paradies war nichts im Vergleich mit dieser Stadt. Der Versucher drang in Eden ein und siegte; aber in jene Stadt hat er keinen Zutritt. Dort wird kein Versucher sein. Denkt euch einen Ort, wohin keine Versuchung kommt. Denkt euch eine Stätte, wo wir frei sind von der Sünde, wo keine Befleckung möglich ist, und wo die Gerechten auf ewig regieren werden. Denkt euch eine Stadt, die nicht mit Händen gemacht ist, wo die Häuser nicht im Lauf der Zeit alt werden; eine Stadt, deren Einwohner von keinem Census gezählt, sondern im Buche des Lebens, dem himmlischen Verzeichniß, registrirt sind. Denkt euch eine Stadt, auf deren Straßen kein Geschäftsdrang wogt, wo keine Todtenwagen langsam durch die Gassen hinkriechen, um ihre traurige Last auf den Gottesacker zu tragen; eine Stadt ohne Gram und Gräber, ohne Sünde und Sorgen, ohne Trauung und Trauern, ohne Geburten und Beerdigungen; eine Stadt, in welcher Jesus der König, die Engel die Wächter und die Heiligen Bürger sind.

Wir glauben, daß dies ebensowohl ein Platz und eine Stadt ist, wie New York, London oder Paris. Wir glauben um so fester daran, weil irdische Städte vergehen, aber diese Stadt wird ewig bleiben. Ihr Fundament hat der ewige Gott gegründet. Manche der gewaltigsten Städte auf Erden hatten keine so feste Grundlage, daß sie im Lauf der Zeiten nicht wankten.

Tyrus und Sidon.

Nehmt zum Exempel Tyrus und Sidon. Diese beiden Städte waren Rivalinnen, etwa wie New York und Philadelphia, oder St. Louis und Chicago. Als der Patriarch Jakob seine Söhne segnete, sprach er von Sidon. Bei der Vertheilung des Landes Canaan unter die Stämme durch Josua, scheinen Tyrus und Sidon dem Stamme Asser zugefallen zu sein, obwohl die alten Einwohner niemals ganz vertrieben wurden. Wir lesen in Markus, daß Jesus mit seinen Jüngern nach dem Ufer des Meeres ging, und ein großes Volk folgte ihm von Galiläa, und von Judäa, und von Jerusalem, von Idumäa und jenseit des Jordans; und die von Tyrus und Sidon kamen zu ihm, da sie die großen Thaten hörten, die Jesus that. Wir finden in Apstg. 27, 3., daß der Führer der Schaar, welche Paulus nach Rom bringen sollte, diesem erlaubte, seine Freunde in Sidon zu besuchen, als das Schiff dort anlegte. Daraus geht hervor, daß zu jener Zeit schon eine christliche Gemeinde dort bestand, wiewohl die meisten der Bewohner die mit dem Halbmonde gekrönte „Königin des Himmels" verehrten.

Ihr wißt, es gibt jetzt noch Leute, welche eine Himmelskönigin anbeten, welche sie mit dem Mond unter ihren Füßen darstellen. Selbst die Ebräer, als sie den Mond in seiner Schöne an dem klaren Himmel Palästinas dahinziehen sahen, fielen in dieselbe Abgötterei. Jeremias sagt:

„Die Kinder lesen Holz, so zünden die Väter das Feuer an, und die Weiber kneten den Teig, daß sie der Melecheth des Himmels Kuchen backen, und Trankopfer den fremden Göttern geben, daß sie mir Verdruß thun."

Als Antwort auf den Vorwurf des Propheten hören wir das Volk Kapitel 44, 16. sagen

„Nach dem Wort, das du im Namen des Herrn uns sagest, wollen wir dir nicht gehorchen; sondern wir wollen thun nach allem dem Wort, das aus unserm Munde gehet, und wollen Melecheth des Himmels räuchern, und derselben Trankopfer opfern, wie wir und unsere Väter, unsere Könige und Fürsten gethan haben in den —"

Ist es daher ein Wunder, wenn wir einige Verse weiter ihr Urtheil lesen, wie folgt:

„Daß er nicht mehr leiden konnte euren bösen Wandel und Greuel, die ihr thatet; daher auch euer Land zur Wüste, zum Wunder und zum Fluch geworden ist, daß Niemand darinnen wohnet, wie es heutiges Tages stehet."

In der Auferstehung wird man weder freien, noch sich freien lassen, und es wird keine Königin im Himmel sein.

Thrus wird von Josua als „eine feste Stadt" erwähnt, und beide Jesaias und Hesekiel reden von derselben. Nebukadnezar, Alexander der Große und andere Könige haben darum gestritten, und Schaaren von Menschenleben sind geopfert worden, um das zu erobern, was heute in Ruinen liegt. Alexander zerstörte die Stadt, aber sie wurde später wieder aufgebaut. Wir finden in Gottes Wort Schilderungen von dieser Stadt, woraus wir uns ein Bild ihrer einstigen Schönheit entwerfen können. Das ganze 27. Kapitel Hesekiel handelt über Thrus:

„Und sprich zu Thrus, die da liegt vorne am Meer, und mit vielen Inseln der Völker handelt: So spricht der Herr Herr: O Thrus, du sprichst: Ich bin die allerschönste! Deine Grenzen sind mitten im Meer, und deine Bauleute haben dich auf das allerschönste zugerichtet. Sie haben alles dein Tafelwerk aus Flabbernholz von Sanir gemacht; und die Cedern vom Libanon führen lassen, und deine Mastbäume daraus gemacht;"

So geht's weiter:

„Dein Segel war von gestickter Seide aus Egypten, daß es dein Panier wäre; und deine Decken von gelber Seide und Purpur, aus den Inseln Elisa."

Ein wenig weiter heißt es dann:

Seine Gewißheit.

„Also, daß deine Waare, Kaufleute, Händler, Fergen, Schiffherren und die, so die Schiffe machen, und deine Handthierer, und alle deine Kriegsleute, und alles Volk in dir, mitten auf dem Meer umkommen werden zur Zeit, wenn du untergehest; daß auch die Anfurthen erbeben werden vor dem Geschrei deiner Schiffherren. Und alle, die an den Rudern ziehen, sammt den Schiffsknechten und Meistern, werden aus den Schiffen an das Land treten, und laut über dich schreien, bitterlich klagen; und werden Staub auf ihre Häupter werfen, und sich in der Asche wälzen."

Die schrecklichen Weissagungen von ihrem Untergang sind alle buchstäblich in Erfüllung gegangen. Wir finden dieselben im 26. Kapitel, beginnend mit Vers 3:

„Darum spricht der Herr Herr also: Siehe, ich will an dich, Thyrus, und will viele Heiden über dich herauf bringen, gleichwie sich ein Meer erhebt mit seinen Wellen. Die sollen die Mauern zu Thyrus verderben, und ihre Thürme abbrechen; ja ich will auch den Staub von ihr wegfegen, und will einen bloßen Fels aus ihr machen; und zu einem Wehrd im Meer, darauf man die Fischgarne ausspannet; denn Ich habe es geredet, spricht der Herr Herr; und sie sollen den Heiden zum Raube werden."

Die Reisenden heutzutage schildern das einstige Thyrus als eine Stätte von Ruinen, zerbrochenen Thorbogen und Gewölben, zerrissenen Mauern, gestürzten Thürmen und einigen hungernden Jammergestalten darin, welche zwischen den Ruinen wohnen. Ein großer Theil steht unter Wasser, auf einem Theil der Ruinen spannen die Fischer ihre Netze aus, und ein anderer Theil ist „ein bloßer Fels" geworden.

So vergeht die Herrlichkeit der Welt. Dieses Buch unterrichtet uns über die Pracht einer Stadt, welche wir nicht mehr sehen können, die aber einst existirte. Es belehrt uns ebenfalls über eine viel herrlichere Stadt, die wir nicht gesehen haben, die wir aber sehen werden, wenn wir dem Herrn treulich folgen.

<blockquote>
Ewig währet da die Wonne,
Ewig in der Gottesstadt,
Die die Herrlichkeit zur Sonne
</blockquote>

Und das Lamm zur Leuchte hat.
Jetzt noch kann's kein Herz erkennen,
Wie man Ewigkeiten mißt,
Noch ein Mund die Größe nennen,
Die bei solcher Freude ist.
Gott zu schauen, Gott zu dienen,
Das ist ihre Lust allein;
Denn er selber, Gott mit ihnen,
Wird ihr Gott auf ewig sein.

Unsere Namen sind dort angeschrieben.

Es wird erzählt, daß einmal zwei Männer gerade vor Sonnenaufgang in Wortwechsel darüber geriethen, an welchem Theil des Himmels die Sonne erscheinen werde. Bei ihrem Disputiren wurden sie so aufgeregt, daß sie anfingen, sich ins Gesicht zu schlagen, und als die Sonne endlich aufging, hatten sie sich so übel zugerichtet, daß keiner die Sonne sehen konnte. So gibt es auch Leute, welche so viel über den Himmel disputiren, daß sie sich aus demselben hinausplaudern, und je mehr sie über die Hölle streiten, desto mehr disputiren sie sich hinein.

Die hebräischen Schriftsteller reden deutlich von drei verschiedenen Himmeln. Die Luft, die uns umgebende Atmosphäre, ist ein Himmel. Der zweite Himmel ist das Firmament, der Sternenhimmel, und darüber ist der „Himmel aller Himmel," wo der Ewige thront und die Wohnung Gottes ist — die Wohnungen des ewigen Lichts und Friedens, die Behausung des Erlösers und der Erlösten.

Das ist der Himmel, wo Jesus wohnt. Das ist der Ort, wovon wir lesen in der Schrift: Siehe der Himmel ist des Herrn und die Erde mit Allem, was darauf ist.

Im 2. Brief an die Corinther, wo Paulus von sich redet, sagt er:

„Ich kenne einen Menschen in Christo vor vierzehn Jahren, (ist er in dem

Seine Gewißheit.

Leibe gewesen, so weiß ich es nicht; oder ist er außer dem Leibe gewesen, so weiß ich es auch nicht; Gott weiß es); derselbige ward entzückt bis in den dritten Himmel."

Manche Leute wundern darüber, was es mit dem dritten Himmel für eine Bewandtniß habe. Das ist der Ort, wo Gott wohnt und wohin die Stürme nicht dringen können. Dort sitzt der unbestechliche Richter. Als Paulus dorthin entzückt war, hörte er unaussprechliche Worte und sah Herrlichkeiten, die er auf Erden nicht schildern konnte. Je höher wir in geistlichen Dingen emporsteigen, desto näher fühlen wir uns dem Himmel. Endlich werden unsere Wünsche erfüllt. Wir mögen wohl mit dem Psalmisten sagen:

„Eins bitte ich vom Herrn, das hätte ich gern, daß ich im Hause des Herrn bleiben möge immerdar, zu schauen die schönen Gottesdienste und seinen Tempel zu besuchen."

Christus selbst versichert uns, daß unsere Namen im Himmel geschrieben sind, wenn wir sein Eigenthum geworden. In Lukas 10, 20 lesen wir: „Doch darin freuet euch nicht, daß euch die Geister unterthan sind: Freuet euch aber, daß eure Namen im Himmel geschrieben sind." Kurz ehe diese Worte gesprochen wurden, berief der Herr siebenzig Jünger und sandte sie aus, in den Städten in Galiläa und Judäa das Evangelium zu predigen. Es gibt heutzutage Leute, welche nicht an Erweckungen glauben. Aber die größte Erweckung, welche jemals stattfand, war während der fünf oder sechs Jahre, als Johannes der Täufer und Jesus, und die Apostel nach ihnen predigten. Während einer Reihe von Jahren war das ganze Land, von einem Ende zum andern, in Bewegung. Vielleicht gab es auch damals Leute, welche nichts auf solche Auflebungen hielten. Sie bezeichneten sie als „vorübergehend" und glaubten nicht daran. Vielleicht sprachen sie: „Es ist ein neuntägiges Wunder und in kurzer Zeit wird nichts mehr davon wahrzunehmen sein." Ohne Zweifel redeten die

Leute damals über diese Dinge wie heute. Zu allen Zeiten, von den Tagen Christi und seiner Apostel bis auf unsere Zeit, gab es Leute, welche das Werk Gottes hinderten, und sogar solche, welche sich nach Jesu Namen nennen, einfach darum, weil die Wirkung nicht ihren Launen entsprach. Wenn der Geist Gottes kommt, so wirkt er in seiner eigenen Weise. Wir müssen lernen, daß es nicht unsere Aufgabe ist, ihm die Wege seiner Wirksamkeit vorzuschreiben, denn er wirkt nach seinem Wohlgefallen, wo er Halt nimmt.

Die Jünger kamen zurück von ihrer Arbeit. Der Geist Gottes war mit ihnen gewesen und sie hatten Macht über die Teufel und über Krankheiten und über die Feinde, und sie freuten sich sehr über ihren Erfolg. Vielleicht hatten sie gerade eine Art Jubiläumsversammlung, und Jesus kam dazu und sagte: „Darin freuet euch nicht, daß euch die Teufel unterthan sind: Freuet euch aber, daß eure Namen im Himmel geschrieben sind." Dieses bringt uns Angesicht zu Angesicht mit der Lehre von der

Gewißheit.

Ich finde viele Leute in allen Theilen der Christenheit, welche mit dieser Lehre nicht übereinstimmen. Sie behaupten, es sei nicht möglich für uns, in diesem Leben schon zu wissen, ob wir selig sind oder nicht. Wenn dieses wahr wäre, wie wollen wir denn über das hinweg kommen, was Christus sagt und was wir hier geschrieben finden? Wenn mein Name im Himmel geschrieben ist, wie kann ich mich darüber freuen, wenn ich es nicht weiß? Diese Männer sollten sich darüber freuen, daß ihre Namen schon dort standen, und der Name eines jeden Kindes Gottes steht dort im Register Gottes. Vor einigen Jahren beschloß eine amerikanische Reisegesellschaft auf ihrem Wege von London nach Liverpool, im Northwestern Hotel zu herbergen; als sie jedoch dort anlang=

ten, fand es sich, daß das Haus schon seit einigen Tagen überfüllt war. Sehr getäuscht nahmen sie ihr Gepäck und bereiteten sich auf die Rückreise vor. Eine Dame jedoch machte alle Anstalten dazubleiben.

„Kehren Sie nicht mit uns zurück?" wurde sie gefragt.

„O nein," war die Antwort, „ich habe gute Zimmer."

„Ei, wie kommt das denn?"

„Nun, ich habe dieselben vor einigen Tagen schon per Telegraph vorausbestellt."

Das ist's, was auch die Kinder Gottes thun. Sie schicken ihre Namen schon zum Voraus ein, somit sichern sie sich die himmlischen Wohnungen in Zeit. Wenn wir in Wahrheit Gottes Kinder sind, so sind uns unsere Namen schon vorausgegangen, und die Plätze warten auf uns am Ende unserer Reise. Ihr wißt ja, daß wir hier auf Erden nur Pilger sind. Wir sind von der Heimath fern. Während des Krieges verlangten die Soldaten — die südlichen sowohl als die nördlichen — keine bessere Wohnung als ein Zelt. Aber sie sehnten den Krieg zu Ende, damit sie heimgehen könnten. Sie wünschten keine Paläste und herrliche Wohnungen auf dem Schlachtfelde. Nun, wir befinden uns ebenfalls im Schlachtgewühl, und bald, wenn der Krieg vorbei ist, so ruft uns der Herr heim. Die Zelte sind gut genug für unsere Reise durch die Welt. Es währt nur eine Nacht, ehe der ewige Tag für uns anbricht.

Das Buch des Lebens.

Vor einiger Zeit trafen sich zwei Damen auf der Eisenbahn, von denen die eine nach Cairo, die andere nach New=Orleans reiste. Ehe sie nach Cairo kamen, hatte sich bei ihnen eine innige Freundschaft gebildet, und die „Cairo=Dame" sagte zu derjenigen, welche nach New=Orleans fuhr:

"Ich wünschte, Sie könnten sich einige Tage in Cairo aufhalten; ich würde mich freuen, Ihnen meine Gastfreundschaft anzubieten."

"Nun," sagte die andere, "dies würde mir ebenfalls Freude machen, aber ich habe mein Gepäck schon vorausgesandt, und ich habe nur diesen Anzug hier, welcher für die Reise gut genug ist."

Dort habe ich eine Lection gelernt. Fast irgend etwas ist gut genug als Reiseanzug, und es ist viel besser, daß wir unsere Freuden und Genüsse auf den Himmel verschieben, um dieselben zu haben, wenn wir einmal aus dieser mühsamen, sorgenvollen Welt dort anlangen.

Der Himmel ist der Ort des Sieges und des Triumphes. Diese Welt ist das Schlachtfeld: dort wird der Triumphzug gefeiert. Dies ist das Land des Schwertes und des Speers; in jenem Lande erwartet uns die Lebenskrone. O welch ein Jubel wird dort die Herzen der Seligen durchdringen, wenn sie im Himmel sind und der Kampf vollendet ist; wenn selbst der letzte Feind, der Tod getödtet und der Satan an den Siegeswagen Christi gefesselt ist. Die Menschen mögen dieser Lehre von der Gewißheit unseres Gnadenstandes so viel widersprechen als sie wollen, dieselbe wird trotzdem klar gelehrt in der Schrift.

Das Aufthun der Bücher.

Viele lachen über die Idee, daß es Bücher geben sollte im Himmel; aber im 12. Kapitel der Prophezeiung Daniel's im 1. Vers lesen wir:

"Zu derselbigen Zeit wird der große Fürst Michael, der für dein Volk stehet, sich aufmachen. Denn es wird eine solche trübselige Zeit sein, als sie nicht gewesen ist, seit daß Leute gewesen sind, bis auf dieselbige Zeit. Zu derselbigen Zeit wird dein Volk errettet werden, alle, die im Buch geschrieben stehen."

Seine Gewißheit.

Eine schreckliche Zeit ist für diese Welt am Kommen; finsterere Tage als wir je vorher gesehen, aber diejenigen, deren Namen geschrieben sind im Buche des Lebens, werden errettet. So heißt es wieder in Philipper 4, 3:

„Ja, ich bitte auch dich, mein treuer Geselle, stehe ihnen bei, die sammt mir über dem Evangelio gekämpft haben, mit Clemens und den andern meinen Gehülfen, welcher Namen sind in dem Buch des Lebens."

Paulus, welcher an die Christen zu Philippus schreibt, wo er so viel Widerstand hatte und ins Gefängniß geworfen wurde, sagt eigentlich: Grüßet mir die Geschwister, welche mit mir gearbeitet haben, und deren Namen im Buche des Lebens geschrieben sind. Dieses zeigt, daß die Lehre von der Gewißheit in den frühesten Tagen der christlichen Kirche gelehrt wurde. Warum sollten wir dieselbe jetzt nicht lehren und glauben?

Es haben mir Reisende erzählt, daß die Chinesen in ihren Gerichtshallen zwei große Bücher haben. Wenn nun Jemand verklagt und unschuldig befunden wird, so schreiben sie seinen Namen in das Buch des Lebens. Wird er aber schuldig befunden, so schreibt man seinen Namen in das Buch des Todes. Ich glaube fest, daß der Name von jedem Mann und jeder Frau entweder im Buche des Todes, oder im Buche des Lebens eingetragen steht. Dein Name kann nicht zur selben Zeit in beiden Büchern stehen. Du kannst dich nicht zu gleicher Zeit im Tode und im Leben befinden, und es ist dein Vorrecht zu wissen, wie es mit dir steht.

In der Offenbarung 13, 8. lesen wir:

„Und alle, die auf Erden wohnen, beteten es an, deren Namen nicht geschrieben sind in dem lebendigen Buch des Lammes, das erwürget ist, von Anfang der Welt."

Und wieder Kapitel 20, 12:

„Und ich sahe die Todten, beide groß und klein, stehen vor Gott; und die

Bücher wurden aufgethan, und ein anderes Buch ward aufgethan, welches ist des Lebens. Und die Todten wurden gerichtet, nach der Schrift in den Büchern, nach ihren Werken."

Und wieder Kapitel 21, 27:

„Und wird nicht hinein gehen irgend ein Gemeines, und das da Greuel thut und Lügen; sondern, die geschrieben sind in dem lebendigen Buch des Lammes."

Es kann kein wahrer Friede, keine lebendige Hoffnung, kein wahres Glück da sein, wo Ungewißheit ist. Ich tauge nicht zum Dienste Gottes, ich kann nicht erfolgreich für den Herrn wirken, wenn ich meines Heils nicht gewiß bin.

Kein Raum für Zweifel.

Eine Mutter hat ein krankes Kind. Dasselbe schwebt zwischen Leben und Tod. Wird die Mutter Ruhe haben? Ihr habt einen Freund auf einem verunglückten Eisenbahnzug. Nun erreicht euch die Nachricht, daß zwanzig Personen getödtet oder verwundet seien, ohne ihre Namen anzugeben. Ihr befindet euch in der peinlichsten Ungewißheit und werdet nicht ruhen, bis ihr euch Gewißhit über die Umstände verschafft habt. Die Ursache, warum es so viele Glieder in den Gemeinden gibt, die nicht hinausgehen wollen, um Andere zu retten, ist, daß sie selbst ihres Heils nicht gewiß sind. Wenn ich denke, daß ich selbst am Sterben bin, so bin ich in schlechter Lage, hinaus zu gehen, um anderen zu helfen. Ehe ich Jemand sonst aus dem Wasser ziehen kann, muß ich mich selbst sicher am Ufer befinden. Diese Gewißheit unseres Heils können wir haben, wenn wir wollen. Es ist nicht genug, daß wir f ü h l e n, als seien wir gerettet, wir müssen es w i s s e n. Wir müssen eine g e w i s s e Zuversicht unseres himmlischen Erbes haben, wie der Apostel Johannes sagt: „Meine Lieben, wir sind **nun** Gottes Kinder." Er sagt nicht: Wir werden es sein.

Wenn man die Leute fragt, ob sie Christen seien, so erhält man die wunderbarsten Antworten. Manche sagen, wenn man sie fragt: "Nun — nun — ich — ich hoffe, ich bin." Gesetzt, es würde mich Jemand fragen, ob ich ein Amerikaner sei? Würde ich antworten: "Nun ich — nun ich — ich hoffe ich **bin**?" Ich weiß, ich bin in diesem Lande geboren, und ich weiß auch, daß ich vor mehr als zwanzig Jahren vom Geiste Gottes wiedergeboren wurde. Alle Ungläubigen der Welt können mich nicht überzeugen, daß ich jetzt nicht einen andern Geist hätte als damals, ehe ich ein Christ wurde. "Was vom Fleische geboren wird, das ist Fleisch; aber was vom Geiste geboren wird, das ist Geist;" und es kann Jemand von der Veränderung in seinem Leben, ob er vom Geiste geboren ist, genau überzeugt sein. Der Geist Jesu Christi ist ein Geist der Liebe, Freude, Demuth, Sanftmuth und des Friedens, und wir können bald ausfinden, ob wir aus dem Geiste geboren sind oder nicht; wir brauchen nicht in Ungewißheit zu bleiben. Hiob lebte in der grauen Vorzeit, aber er wußte es. Die schwarzen Wogen kamen gegen ihn angebraust; aber inmitten dieses Tobens hören wir ihn sagen: "Ich **weiß**, daß mein Erlöser lebt." Er hatte etwas Besseres als Hoffnung.

Ein Mensch mag hienieden seinen Namen in die höchsten Ehrenlisten eingetragen haben; aber die Liste mag verloren gehen; er mag denselben in Marmor graben, der Zahn der Zeit zernagt ihn. Eine wohlthätige Anstalt mag seinen Namen tragen, und derselbe doch bald vergessen werden; aber aus den Büchern des Himmels wird sein Name nimmermehr verwischt. Seinen Namen auf Erden verewigen zu wollen, ist, als wenn man denselben in den Sand am Meeresufer schreibt; um denselben zu verewigen, muß er in die Denkmäler der

Ewigkeit eingegraben sein. Es ist gesagt worden, daß man seinen Namen, wie er im Buche des Lebens geschrieben stände, nach dem Werke der Heiligung in unseren Herzen beurtheilen müsse. Man bedarf keiner Wunderstimme vom Himmel, keines außerordentlichen Zeichens oder besonderer Gefühle. Wir brauchen unsere Herzen nur in dem sehnlichen Verlangen nach dem Herrn und dem Haß gegen die Sünde — unsern Sinn im Gehorsam der Wahrheit zu finden.

Wir können uns darauf verlassen, daß uns das Gliederrecht in irgend einer Gemeinde nicht selig macht, wiewohl jeder bekehrte Christ zu irgend einer Gemeinde gehören sollte. Als Daniel in Babylon starb, da brauchte Niemand in einem alten Kirchenbuche nachzusuchen, ob er auch fromm gewesen sei. Als Paulus unter Nero enthauptet wurde, brauchte seinetwegen Niemand in einem Register nachzusehen. Auf der andern Seite wird Niemand Pontius Pilatus für einen Heiligen halten, obgleich sein Name im Glaubensbekenntniß steht.

Jene Frommen lebten so, daß die Welt wußte, wer und was sie waren. Paulus sagt: „Ich bin desselben guter Zuversicht, daß er mir wird meine Beilage bewahren auf jenen Tag." Das ist Gewißheit. „Wer will uns scheiden von der Liebe Christi," sagt er; „weder Leben noch Tod, weder Engel noch Fürstenthümer, noch Gewalt; weder Gegenwärtiges noch Zukünftiges." Keins derselben kann ihn von der Liebe Christi trennen. Es entehrt Gott, stets nur ungewiß zu hoffen und nur zu hoffen, daß wir selig werden.

Falsche Bekenner.

Es gibt aber Manche, die keine Gewißheit haben sollten. Es wäre ein schlimmes Ding für irgend ein unbekehrtes Kirchenglied, wenn es Gewißheit hätte. Es gibt Leute, die bekennen große Gewißheit, welche sie aber nicht haben sollten, weil ihr Leben damit nicht übereinstimmt. Diese Klasse repräsentirt jener Gast auf der königlichen Hochzeit, der kein festliches Kleid anhatte.

Solche sind, wie eine gewisse Sorte Lilien: Schön anzusehen, aber stinkend. Es sind dürre Hülsen ohne einen Kern. Die alten Kreuzzügler trugen ein angenähtes Kreuz auf ihren Schultern. So gibt es heute Viele, deren Kreuz ebenso leicht ist — die leere Form — Zeugnisse der Ehrbarkeit, leerer Schein von einem Kampfe, welcher niemals stattfand, und einer Krone, um die man niemals gerungen hat.

Ihr seht oft todte Fische mit dem Strome dahinschwimmen; aber ihr habt noch niemals einen todten Fisch gegen den Strom schwimmen sehen. So ist der falsche Gläubige, so ist der Heuchler. Das Bekenntniß schwimmt mit dem Strom; aber der geistliche Sinn geht stets gegen den Strom der Welt. Der geheiligte und der ungeheiligte Mensch sehen den Himmel sehr verschieden an. Der letztere wählt einfach den Himmel, weil er ihn der Hölle vorzieht. Er denkt, wenn er doch irgendwo hingehen muß, so will er am liebsten in den Himmel gehen. Er gleicht einem Farmer, welchem ein Platz in einem andern Lande angeboten wird, wo sich eine Goldmine befinden soll. Er gibt nicht gern alles dran, was er hat, um den Wechsel zu wagen. Aber wenn er vertrieben werden soll, wenn er doch fort muß und ihm nur die Wahl zwischen der Wüste und der Arbeit in einer Goldgrube, oder dem Besitz der Goldmine bleibt, so gilt kein Zaudern. Der Unbekehrte zieht den Himmel der Hölle vor, aber die Erde geht ihm über alles. Wenn der Tod ihm ins Angesicht starrt, so denkt er an die Herrlichkeit des Himmels. Der wahre Gläubige aber hält den Himmel über alles Andere theuer und ist jederzeit willig, diese Welt zu verlassen. Jeder will in den Himmel, wenn er einmal gestorben ist; aber man will von der himmlischen Gesinnung während des Lebens nichts wissen. Dem Christen aber ist es eine gewisse Verheißung, ohne Zweifel, und er braucht deßhalb nicht zu zaudern und zu sorgen.

Der Erbe eines großen Gutes hält, so lange er ein Kind ist, mehr von einem Dollar in seiner Hand, als von seinem ganzen Erbtheil. So scheinen manche Christenbekenner sich an den dahinschwindenden Weltfreuden mehr zu ergötzen, als an der himmlischen Herrlichkeit. Bald werden wir hinüber kommen. Wie herrlich ist dieser Gedanke! Alles ist bereit. Deßhalb ist Christus aufgefahren gen Himmel. Bald werden wir von hinnen eilen.

> O Gott, wie selig werd' ich sein,
> Wenn ich aus diesem Leben
> Zu dir komm in dein Reich hinein,
> Das du mir hast gegeben.
> Ach Herr! wann kommt die Stund heran,
> Daß ich in Zion jauchzen kann,
> Zu deinem Ruhm und Preise?

Der Himmel:

Sein Reichthum.

79

Das himmlische Jerusalem.

Jerusalem, du hochgebaute Stadt,
Wollt Gott, ich wär in dir!
Mein hoffend Herz, das deinen Vorschmack hat,
Wie sehnt es sich von hier!
Weit über Berg und Thale,
Weit über Flur und Feld,
Fliegt's auf zum Himmelssaale,
Vergißt die nicht'ge Welt.

O Himmelsburg, gegrüßet seist du mir!
Thu' auf die hohe Pfort,
Wie lange schon hat mich verlangt nach dir!
Ich eile freudig fort,
Fort aus dem bösen Leben,
Aus jener Nichtigkeit,
Der ich war hingegeben
In meiner Prüfungszeit.

Du bist mein Ziel, erhabne Gottesstadt,
Wie schlägt mein Herz in mir!
Des Irdischen und seiner Freuden satt
Schwing ich mich auf zu dir,
Weg über Erd und Sterne,
Reicht, Engel, mir die Hand,
Ich seh es in der Ferne,
Mein hohes Vaterland.

Kapitel V.

Sein Reichthum.

„Sammelt euch aber Schätze im Himmel.... Denn wo euer Schatz ist, da ist auch euer Herz." Matth. 6, 20. 21.

Niemand hält sich für reich, bis er alles hat, was er wünscht. Sehr wenig Menschen sind zufrieden mit irdischen Gütern. Wenn sie sich nach etwas sehnen, das sie nicht besitzen können, so ist das eine Art Armuth. Je reicher oft der Mann, desto größer die Armuth. Es hat Jemand gesagt, daß der Erwerb von Reichthum Mühe macht; das Erhalten desselben bringt Sorgen, der Mißbrauch desselben bringt Schuld, und der Verlust desselben bringt Gram. Es ist ein großer Irrthum, so viel Wesen über Reichthum zu machen, wie es gewöhnlich geschieht. Aber es gibt einen gewissen Reichthum, den wir nicht überschätzen können, der wird nicht verschwinden. Das sind die im Himmel angelegten Schätze, welche Gott angehören.

Es macht wenig aus, wie reich oder angesehen wir sind, so haben wir doch immer noch Bedürfnisse. Das einzige mögliche Vorrecht, das der Reiche vor dem Armen hat, und welches er am wenigsten genießt, ist — daß er seine Schätze glücklich genießt. Irdische Güter machen uns niemals wahrhaft glücklich. Wir wissen auch, daß dieselben oft Flügel bekommen und uns entfliegen. Von Midas wird erzählt, daß alles zu Gold wurde, was er angriff. Aber er hatte daran wenig Freude mit seinen langen Ohren. Es ist sehr viel Wahrheit in manchen dieser alten Fabeln. Das Geld, wie die Zeit, sollte nicht verschwendet werden; aber mich dauert der Mensch, welcher von beiden mehr besitzt, als er zu benützen versteht. Es gibt kein wahreres Wort, als daß man sagt, daß der Mensch beim Wohlthun mit seinem Gelde das Bild Gottes darauf prägt und es zu himmlischer Münze macht; aber mit allem Geld in der Welt könnte sich Niemand den Weg nach dem Himmel erkaufen. Die Seligkeit muß als eine freie Gabe empfangen werden, um die man bittet. Es ist kein Mensch in der Welt so arm, daß er nicht ein himmlischer Millionär werden könnte.

Gold ist ein schlechter Lebensretter.

Wie viele Menschen verehren heutzutage das Gold! Wo der Krieg seine Tausende schlägt, da schlägt die Habsucht Millionen. Ihre Geschichte war durch alle Zeitalter eine Geschichte der Sclaverei und Unterdrückung. Welche Macht hat sie in unserer Zeit! Die Mine mit ihrem schweren Tagewerk, die Fabrik mit ihrem Elend, die Plantage mit ihrer Arbeit, der Markt und die Börse mit ihren verkümmerten, sorgenvollen Gestalten, sind Exemplare ihrer herzlosen Knechtschaft. Titel und Ehrenstellen sind ihre Geschenke, und Throne stehen ihr zur Verfügung. Unter ihren Rathgebern sind Könige, und die Mächtigen der Erde sind ihre Diener. Dieser Geist der Habsucht sucht den Erdball selbst in Gold zu verwandeln.

Von Tarpeia, der Tochter des Befehlshabers in dem Fort am Capitolhügel zu Rom, wird erzählt, daß sie mit den goldenen Armbändern der Sabiner Soldaten bestochen wurde, und sich verpflichtete, ihnen Einlaß ins Fort zu gewähren, wenn sie ihr das schenkten, was sie am linken Arm trugen. Der Handel wurde gemacht, und die Sabiner hielten ihr Versprechen. Tatius, ihr Vorgesetzter, war der erste, welcher sein Armband und seinen Schild überreichte. Die habsüchtige Verrätherin wurde dann mit den goldenen Schätzen so beladen, bis sie endlich darunter niedersank und starb. So zieht das Gold den Menschen ins Verderben.

Als der Dampfer „Central America" unterging, befanden sich einige hundert Bergleute an Bord, welche in ihre frühere Heimath zurückkehrten. Sie hatten, wie man zu sagen pflegt, ihr Glück gemacht und erwarteten, die erworbenen Schätze nun im Kreise der Ihrigen zu verzehren. Aber im ersten Schrecken des Schiffbruchs verlor das Gold alle Anziehungskraft für sie. Die Bergleute nahmen ihre Goldbeutel ab und warfen sie zur Seite. Ganze Reisetaschen voll Gold wurden in der Cajüte ausgeleert. Einer derselben schüttete einhunderdtausend Dollars werth davon auf den Boden und sagte, wer Lust dazu habe, möge es nehmen. Aber die Habgier war verschwunden, Niemand regte sich, das Gold zu nehmen. Meine Freunde, es ist schon recht, Gold zu haben, aber bisweilen ist es ein schlechter Lebensretter. Manchmal ist es ein furchtbares Gewicht, welches den Besitzer in die Hölle hinabzieht.

Rev. John Newton besuchte eines Tages eine Familie, welche alle ihre Habe durch eine Feuersbrunst verloren hatte. Er traf die fromme Hausfrau und begrüßte sie mit den Worten:

„Ich wünsche Ihnen viel Glück!"

Erstaunt und fast beleidigt entgegnete die Dame: „Wie, Glück, daß all unser Eigenthum verbrannt ist?"

„O nein," antwortete er, „sondern Glück, daß Sie so viele Güter besitzen, welche das Feuer nicht verzehren kann."

Dieser Hinweis auf **ihre wahren** Schätze beschwichtigte ihren Kummer und brachte die Ruhe in ihr Inneres zurück.

Wir lesen in den Sprüchen 15, 6: „In des Gerechten Hause ist Gutes genug; aber in dem Einkommen des Gottlosen ist Verderben." Ich habe nie einen sterbenden Christen gesehen, der es bereut hätte, daß er Schätze im Himmel gesammelt, ich habe niemals einen beklagen hören, daß er zu viel für Gott und sein Reich gewirkt hätte.

Wasser-beschädigt.

Einer meiner Freunde erzählt, daß er vor einigen Jahren in Liverpool an dem Flusse Mersey stand und wahrnahm, wie ein Schiff, welches mit Vorsicht von einem kleinen Dampfer gezogen wurde, herankam. Es ging bis an den Rand im Wasser, und er wunderte sich, daß es nicht sank. Bald darauf kam ein anderes Fahrzeug ohne jede fremde Hülfe angedampft und fuhr leicht an den anderen Schiffen vorbei, und als mein Freund sich nach der Ursache dieses Unterschiedes zwischen den beiden Schiffen erkundigte, sagte man ihm, das eine sei „wasserbeschädigt," d. h. es hatte einen Leck bekommen, und die Ladung, Bretter u. dgl., lag theilweise im Wasser; es sei sehr schwierig, es in den Hafen zu bringen. Ich glaube, es gibt eine große Anzahl Christenbekenner und vielleicht manche wirkliche Christen, welche „wasserbeschädigt" sind. Sie haben zu viele irdische Sachen, und es bedarf fast der ganzen Kirche — der ganzen geistlichen Kraft der Kirche, um diese weltlichen Christen zu bewahren, daß sie nicht wieder gänzlich dem Verderben der Welt anheimfallen. Ei, wenn die ganze Kirche, wie Wesley zu sagen pflegte, „hart dran und immer dran" wäre, was müßte das eine Kraft sein, und wie bald würde man dann die Welt und die Massen erreichen; aber wir erreichen die Welt nicht, weil eben die Kirche selbst zu weltartig und weltlich gesinnt ist, und weil sich viele verwundern, daß sie nicht mehr in der Gnade wachsen, während sie doch mehr an die Welt denken, als an Gott.

Sein Reichthum.

Die Prediger brauchten die Leute nicht zu ermahnen, für den Himmel zu leben, wenn ihre Schätze droben wären; sie könnten dann nicht anders. Ihre Herzen wären dann im Himmel, und wenn ihre Herzen dort wären, wäre auch ihr Sinn dort, und ihr Leben würde himmelwärts gehen. Sie könnten nicht anders, als für den Himmel leben, wenn ihre Schätze dort wären.

Ein kleines Mädchen sagte eines Tages zu seiner Mutter: „Mamma, meine Sonntagschullehrerin sagt uns, diese Welt sei ein Ort, in dem uns Gott nur eine kurze Zeit leben läßt, um uns auf eine bessere Welt vorzubereiten. Aber Mamma, ich sehe doch Niemand sich v o r b e r e i t e n. Ich sehe, du bereitest dich vor, aufs Land zu gehen, und Tante Elise bereitet sich vor, hierher zu kommen; aber ich sehe Niemand, der sich vorbereitet, nach dem Himmel zu gehen. Warum machen sich denn die Leute nicht fertig dazu?"

Ein gewisser Sklavenhalter hatte einen frommen Sklaven, und als der Herr starb, sagte man ihm, derselbe sei in den Himmel gegangen.

„Der alte Sklave schüttelte den Kopf und sagte: „Ich fürchte Massa nicht dorthin gegangen."

„Aber warum nicht, Ben?"

„Darum, weil Massa, wenn er nach dem Norden oder ins Bad ging, sprach er lange vorher davon und machte sich fertig darauf. Ich hörte nie ihn sprechen vom Gehen nach dem Himmel; nie sehen, sich darauf fertig machen."

So sind eben gar Viele, die sich nicht vorbereiten. Christus lehrt uns in der Bergpredigt und spricht:

„Ihr sollt euch nicht Schätze sammeln auf Erden, da sie die Motten und der Rost fressen, und da die Diebe nachgraben und stehlen. Sammelt euch aber Schätze im Himmel, die da weder Motten noch Rost fressen, und da die Diebe nicht nachgraben, noch stehlen. Denn wo euer Schatz ist, da ist auch euer Herz."

Schätze des Herzens.

Man kann sehr bald wahrnehmen, wo Jemandes Schätze sich befinden. Nach einem Gespräch von fünfzehn Minuten kann man bei den meisten Menschen sagen, ob ihre Schätze auf Erden oder im Himmel sind. Sprecht mit einem Patrioten über das Vaterland, und ihr seht, wie sein Auge aufleuchtet; ihr findet, daß dort sein Herz ist. Sprecht mit manchem Geschäftsmann und sagt ihm, wo er tausend Dollars gewinnen kann, und welches Interesse wird dadurch aufgeweckt! sein Herz ist darin. Sprecht mit den Leuten, welche beständig für die neuen Moden schwärmen, über diese Dinge, und wie flammt es in ihren Augen; im Augenblick interessiren sie sich dafür, denn ihr Herz ist darin. Sprecht über Politik mit dem Politiker, und ihr braucht nicht bange zu sein, daß er gleichgültig bleibt. Und sprecht zu einem Kinde Gottes, welches sich Schätze sammelt im Himmel, über die Dinge jener Welt, und welchen Enthusiasmus nehmt ihr sogleich wahr. "Wo euer Schatz ist, da wird auch euer Herz sein."

Es ist aber gerade sowohl ein Gebot für uns, Schätze zu sammeln im Himmel, als es ein Gebot ist, daß wir nicht stehlen sollen. Manche Leute denken, daß alle Gebote in denen enthalten sind, welche auf Sinai gegeben wurden; aber Jesus hat uns während seines Erdenlebens viele andere Gebote gegeben. Da ist noch ein anderes Gebot in dieser Bergpredigt: "Trachtet am ersten nach dem Reiche Gottes und nach seiner Gerechtigkeit, so wird euch solches Alles zufallen;" und dort steht das Gebot, daß wir Schätze sammeln sollen im Himmel und nicht auf Erden. Die Ursache, daß es in diesem Lande so viele gebrochene Herzen und so viele Täuschungen gibt, ist, daß die Leute sich Schätze sammeln wollen auf Erden.

Die Werthlosigkeit des Goldes wird durch eine Geschichte

illustrirt, welche Dr. Arnot zu erzählen pflegte. Ein Schiff, auf dem sich eine Schaar Emigranten befand, wurde aus seinem Curs verschlagen und scheiterte an einer öden Küste, weit von Menschen entfernt. An Weiterkommen war nicht zu denken, aber sie hatten einen guten Vorrath von Lebensmitteln bei sich. Sie sind umringt und vom Ocean umgeben, aber sie haben Samen bei sich, guten Boden, eine freundliche Sonne, somit ist keine Gefahr, daß sie umkommen. Ehe ihre Pläne vollendet sind, entdeckte eine Anzahl von ihnen eine Goldmine. Nun eilen alle dorthin, um Gold zu graben. Sie arbeiten Tag für Tag, Monat auf Monat und gewinnen große Haufen Goldes. Aber der Frühling ist dahin, und man hat versäumt, das Feld zu bestellen und den Samen auszustreuen. Der Sommer kommt, und ihre Goldhaufen werden immer größer; aber der Vorrath ihrer Lebensmittel nimmt zusehends ab. Im Herbst finden sie aus, daß ihr Gold keinen Werth hat. Der Hunger stiert ihnen ins Gesicht. Nun eilen sie, um noch das Land zuzubereiten und den Samen zu säen. Aber es ist zu spät. Der Same fault in der Erde. der Winter ist da. Neben ihren Goldhaufen müssen sie elend verschmachten.

Diese Erde ist eine kleine Insel; die Ewigkeit der sie umgebende Ocean; an dieses Ufer sind wir geworfen. Es gibt einen Samen des Lebens, aber die Goldminen ziehen uns an. Wir bringen unsern Frühling und Sommer dabei zu, der Winter übereilt uns bei unserer Arbeit; wir haben dann kein Brod des Lebens und sind verloren. Lasset uns doch Alle, die wir Christen sind, die Heimath, deren Schätze die Diebe nicht stehlen können, über alles hoch schätzen. Dr. Mühlenberg, ein lutherischer Prediger, sagt schön:

„Ich möchte nicht immer auf Erden hier sein,
Wo Sturm folgt auf Sturm, und Noth bricht herein.
Die wenigen Tage, die uns sind beschert,

Zum Lebensgenusse, wer wünscht sie vermehrt?
Nicht möcht ich stets leben, nein, willkommen Tod,
Seit Jesus ihn schmeckte, vergebens er droht.
Dem Herrn will ich lebend und sterbend mich weih'n,
Ihn lobend zu schauen, verklärt und ganz rein.
Wer möchte wohl immer von Gott bleiben fern
Und nicht lieber wohnen bei Jesu dem Herrn?
Wo Wasser des Lebens durchfließet das Land,
Und ewige Wonne — o seliger Stand!
Dort werden sie Alle, die Gott hier geliebt,
Sich einigen wieder und nie mehr betrübt;
Und Stimmen des Lobes erschallen stets fort,
Weil Jesus, der Heiland, ihr Schatz und ihr Hort."

Eine Wandtafel=Lection.

Als ich in San Francisco war, ging ich am ersten Sonntag meines dortigen Aufenthalts in eine Sonntagschule. Es war ein Regentag und so wenige Schüler anwesend, daß der Superintendent zuerst beabsichtigte, die Schule für den Tag auszusetzen; statt dessen aber ersuchte er mich nachher, zu den Schülern zu sprechen. Die Lection enthielt den Vers der Bergpredigt: "Ihr sollt euch nicht Schätze sammeln auf Erden, da sie die Motten und der Rost fressen und die Diebe darnach graben und stehlen."

Ich ersuchte einen jungen Mann, an der Wandtafel zu dienen, und nun verglichen wir einige Dinge, die manche Leute auf Erden besitzen, und andere Dinge, welche manche Leute im Himmel besitzen. "Jetzt," sagte ich, "nennt einmal von den irdischen Schätzen."

Da riefen alle: "Gold."

"Nun, das ist recht," sagte ich. "Ich denke, das ist euer größter Schatz hier in Californien. Weiter, andere Schätze."

Ein Knabe rief: "Land."

"So," sagte ich, "schreibe Land."

Sein Reichthum.

„Was ist sonst noch, von dem die Leute hier in Californien viel halten und woran sie ihr Herz hängen?"

Einige sagten: „Häuser."

„Schreibe dies. Was sonst noch?"

„Vergnügungen."

„Schreibe das hin."

„Ehre — Ruhm."

„Schreibe das hin."

„Geschäfte."

„Jawohl," sagte ich, „viele Leute sind ganz in ihren Geschäften vergraben — schreibe das hin." Ein wenig schüchtern sagte ein Schüler „Kleider," worauf die ganze Schule lächelte.

„Schreibe das hin," sagte ich. „Ei, ich glaube, daß es manche Leute auf Erden gibt, welche von Kleidern mehr halten, als von sonst etwas in der Welt. Sie leben nur für Kleider. Vor einiger Zeit hörte ich aus glaubwürdiger Quelle von einem Mädchen, welches an der Auszehrung litt. Sie hatte in der Welt und für die Welt gelebt, und die Welt schien sie ganz eingenommen zu haben. An einem Donnerstag glaubte man, sie würde Abends sterben, und sie bat, man möge ihre Haare frisiren, damit sie in ihrem Sarge recht schön aussehen würde. Aber sie starb nicht an jenem Abend. Sie durchlebte den Freitag, litt aber nicht, daß man ihre Haare auflöse, sondern dieselben mußten schön aufgebunden bleiben, bis sie gestorben war. Und ihre Freunde sagten, sie habe in ihrem Sarge sehr nett ausgesehen. Alles hängt vom Anzug ab — denkt nur, daß Leute ihr Herz an solche Dinge hängen können."

„Und was sonst noch?" Sie wollten nicht recht heraus damit, doch endlich sagte eins:

„Branntwein."

„Ja," sagte ich, „schreibe das hin. Mancher Mann hält mehr auf seine Branntweinflasche, als auf das Reich Gottes.

Er opfert seine Gattin, seine Heimath, seine Mutter, Charakter und Ruf, ehe er seine Flasche aufgibt. Mancher Mensch ruft durch sein Leben aus: ‚Gib mir Branntwein, und ich gebe dir den Himmel und seine Herrlichkeit. Ich verkaufe Weib und Kind. Ich mache sie zu Bettlern und entehre und ruinire sie durch meine Branntweinflasche. Das ist mein Schatz.‘"

„O du Branntweinflasche, dich verehre ich," ist der Ruf Vieler — sie kehren dem Himmel mit allen seinen Schätzen den Rücken um des Fusels willen. Manche meinten, daß der kleine Knabe sich geirrt habe, als er ‚Branntwein‘ sagte, das sei keiner der Schätze, aber es ist ein Schatz für Tausende. Ein anderer sagte:

„Rennpferde."

Ich sagte: „Schreibe das hin. Mancher Mann hält viel von Rennpferden und spannt dieselben sogar Sonntags an, um dahin zu jagen und so den Tag des Herrn zu verbringen." Als wir nun alles niedergeschrieben hatten, woran wir denken konnten, und damit also fertig waren, sagte ich: „Wie wäre es, wenn wir nun einige der himmlischen Schätze herunterlangen würden?"

„Was ist es doch," sagte ich, „das der Herr will, woran wir unser Herz hängen sollen?" Alle sagten:

„Jesus."

„Das ist recht. Wir wollen ihn auf unserer Liste obenan setzen. Was haben wir noch im Himmel?"

„Die Engel," hieß es.

„Schreibe das hin. Ihrer Gesellschaft werden wir uns im Himmel freuen. Das ist ein himmlischer Schatz. Was noch?"

„Die Freunde, die in Christo, unserm Herrn, entschlafen sind."

„Schreibe dies hin. Der Tod hat sie uns entrissen, aber wir werden sie bald wiederfinden. Was noch?"

„Kronen."

„Ja, wir werden Kronen bekommen; eine Krone der Herrlichkeit, eine Krone der Gerechtigkeit, eine unverwelkliche Krone. Was weiter?"

„Der Baum des Lebens."

„Ja, der Baum des Lebens. Wir haben ein Recht daran. Wir können zu demselben hingehen und seine Früchte genießen und ewig leben. Was noch?"

„Das Wasser des Lebens."

„Ja, an den Ufern dieses Lebenswassers werden wir lustwandeln."

„Harfen," sagte eins.

„Palmen," ein anderes.

„Ja," sagte ich, „schreibt sie hin. Das sind Schätze, die wir dort haben werden."

„Reinheit."

„Ja, dort wird kein Unreiner sein. Weiße Kleider ohne Flecken und Runzeln werden wir tragen. Viele finden manchen Flecken in unserm Charakter hier auf Erden, aber bald wird uns Christus ohne Flecken und Runzeln vor unserm Vater im Himmel darstellen, und wir werden vollkommen sein in ihm," sagte ich. „Könnt ihr noch an sonst etwas denken?"

„Ein neues Lied."

„Ja, wir werden dort ein neues Lied singen. Es ist das Lied Mosis und des Lammes. Ich weiß nicht gerade, von wem oder wie es geschrieben ist, aber es wird ein herrliches Lied sein. Ich denke, unser Singen hier auf Erden ist nichts im Vergleich zu den Gesängen in der himmlischen Welt. Die Bibel lehrt, daß unsere Hauptbeschäftigung im Himmel das Singen sein wird, und darum sollten die Leute hier tüchtig singen. Wir sollten es hier recht anfangen, damit es uns nicht fremd vorkommt, wenn wir hinüber kommen. Ich bedaure den Christenbekenner, der nie einen Gesang in seinem

Herzen hat, der nie Lust fühlt zu singen. Mir kommt es vor, daß, wenn wir wahre Kinder Gottes sind, wir davon zu singen wünschen. Und wenn wir dann hinüber kommen, dann werden die Hallelujas laut und froh erschallen.

Dann sagte ich: Gibt es nicht sonst noch etwas? Und sie fuhren fort; ich kann aber hier nicht alles mittheilen, denn wir bekamen zwei lange Reihen himmlischer Schätze. Dann betrachteten wir den Contrast zwischen den irdischen und himmlischen Schätzen. Nachdem wir alle die Schätze des Himmels neben Christo aufzählten, kamen uns die Schätze der Erde sehr klein vor. Was wäre diese Welt voll Gold im Vergleich zu Jesus? Ihr, die ihr den Heiland gefunden habt, würdet ihr Ihn für Gold vertauschen? Würdet ihr Ihn für alle die Ehre, welche euch die Welt auf ein paar Monate oder Jahre geben kann, hingeben? Denkt an Christum. Denkt an die Schätze im Himmel. Und dann denkt an die Dinge der Erde, woran so Viele ihr Herz hängen und für die sie leben."

Gott segnete jene Wandtafel-Lection in merkwürdiger Weise. Es zeigte sich, daß der junge Mann, welcher die Sachen niederschrieb, ein unbekehrter Sonntagschullehrer war, der nach Californien gegangen war, um reich zu werden; sein Herz hing am Geld, und er lebte für dasselbe. Das war der Götze seines Herzens, und der liebe Gott überzeugte ihn bei der Wandtafel von seiner Sünde, und er war die erste Frucht meines Wirkens an der Küste des Stillen Meeres, und der letzte, der mir die Hand bot, als ich San Francisco verließ. Er lernte einsehen, wie leer die Schätze der Erde und wie groß und köstlich die Schätze des Himmels sind. O, wollte Gott nur eure Augen öffnen — und ich denke, wenn ihr redlich seid und ihn darum bittet, so thut er's — und euch zeigen, wie werthlos die Dinge der Erde sind im Vergleich mit dem Himmel und seiner Herrlichkeit.

Sein Reichthum.

Es gibt viele Leute, die verwundern sich, warum sie nicht sozusagen auffahren mit Flügeln, warum sie nicht mehr Fortschritte machen im geistlichen Leben, warum sie nicht mehr in der Gnade wachsen. Ich denke, eine Ursache davon ist, daß sie zu viele irdische Schätze haben. Wir brauchen nicht reich zu sein, um unsere Herzen an diese Welt zu hängen.

Wir brauchen nicht mehr in die Welt zu gehen als andere Leute, um unser Herz an dieselbe zu hängen. Ich glaube, der verlorene Sohn war im fremden Lande, lange ehe er seinen Fuß in dasselbe setzte. Als sein Herz dort war, war er auch dort. Mancher Mann scheint sich nicht so viel in der Welt zu bewegen als andere; aber sein Herz ist darin, und er würde sich in dieselbe stürzen, wenn er könnte; und Gott sieht das Herz an.

Was wir daher bedürfen, ist Gehorsam gegenüber dem Gebot des Herrn, Schätze zu sammeln im Himmel und nicht auf Erden. Wenn wir das thun — bedenkt dies — dann werden wir niemals getäuscht werden.

Es ist ausgemacht, daß Götzendiener das Reich Gottes nicht ererben werden. Ich kann aus meinem Geschäft einen Abgott machen; ebenfalls können mir meine Gattin oder meine Kinder zu Abgöttern werden. Ich denke nicht, daß man nöthig hat, in die Heidenländer zu gehen, um Götzendiener zu finden. Ihr könnt gerade hier viele finden, welche einen Götzen in ihrem Herzen haben. Lasset uns beten, daß der Geist Gottes diese Götzen aus unseren Herzen verbanne, daß wir uns nicht der Abgötterei schuldig machen, sondern Gott im Geist und in der Wahrheit verehren. Irgend etwas, das zwischen mich und meinen Gott kommt, ist ein Abgott — irgend etwas. Ich frage nichts darnach, was es ist; das Geschäft ist schon recht an seinem Platze, und es ist keine Gefahr, daß ich meine Familie zu viel liebe, wenn ich Gott über

Alles liebe. Gott muß den ersten Platz im Herzen einnehmen; ist das nicht der Fall, so ist ein Götze aufgerichtet.

Die ganze Ewigkeit zum Ruhen.

Nicht die geringsten Schätze des Himmels wird die Befriedigung derjenigen Bedürfnisse der Seele sein, die wir hienieden so schmerzlich vermissen, aber nimmer finden — wie die völlige Erkenntniß, der ungestörte Frieden und die Fülle der Liebe. Wie ein herrliches Bild, welches befleckt und auf allerlei Weise zerkratzt, nun aber wieder vollkommen hergestellt wurde, so wird die Seele wieder zu ihrer ursprünglichen Schönheit hergestellt, wenn sie mit dem Blute Christi gewaschen wird. Das geistlose Bild auf der Leinwand kann übrigens weiter nicht mit der lebendigen Seele verglichen werden.

Könnten wir nur manche unserer Freunde sehen, die uns vorangegangen sind, so würden wir vielleicht fühlen, als sollten wir vor ihnen niederfallen. Der Apostel Johannes hatte so viele wunderbare Dinge gesehen; als er aber einen der strahlenden Engel des Himmels vor sich sah, der ihm von den göttlichen Geheimnissen mittheilen sollte, fiel er nieder, um ihn anzubeten. Er sagt im letzten Kapitel der Offenbarung:

„Und ich bin Johannes, der solches gesehen und gehöret hat. Und da ich es gehöret und gesehen, fiel ich nieder anzubeten zu den Füßen des Engels, der mir solches zeigte. Und er sprach zu mir: Siehe zu, thue es nicht; denn ich bin dein Mitknecht, und deiner Brüder, der Propheten, und derer, die da halten die Worte dieses Buches; bete Gott an."

Unter den Bedürfnissen, die wir auf Erden fühlen, ist der Durst nach Erkenntniß. Soviel auch die Sünde die geistigen Fähigkeiten geschwächt hat, so hat sie doch sein Verlangen nach Erkenntniß nicht zerstört. Aber mit allen seinen Anstrengungen, mit Allem, was er von Astronomie, Chemie und

Sein Reichthum.

Geologie und den übrigen Wissenschaften zu verstehen meint, ist doch seine Erkenntniß von den Geheimnissen der Natur immer beschränkt.

Es gibt viele Dinge, die wir nicht wissen. Tausende von Astronomen lebten und starben, und die Zeitalter der Welt zogen vorüber, und doch war es fast erst vor wenigen Tagen, daß sie ausfanden, daß der Planet Mars zwei Monde habe. Vielleicht wird in Zukunft Jemand entdecken, daß dieselben gar keine Monde sind. So viel hat es mit unserem Wissen auf sich.

Ihr findet nicht einen von unseren Professoren — und manche derselben sind fast in der ganzen Welt herum gekommen —, der nicht immer mehr lernen, neue Geheimnisse ausfinden, neue Entdeckungen machen möchte. Und wenn wir die Sterne des Firmaments so genau kennen würden, wie unsere Erde, wären wir immer noch nicht zufrieden.

Nicht, bis wir dem Herrn gleich sind, können wir das Ewige erkennen. Die Blicke, welche uns durch den Glauben in die Tiefen Gottes gestattet sind, vermehren nur unsere Sehnsucht nach mehr. Denn jetzt, wie Paulus 1. Corinther 13, 12. sagt:

„Wir sehen jetzt durch einen Spiegel in einem dunkeln Wort; dann aber von Angesicht zu Angesicht. Jetzt erkenne ich es stückweise; dann aber werde ich es erkennen, gleichwie ich erkannt bin."

Gesetzt, wir würden nichts von der Sonne wissen, ausgenommen, was wir von ihrem Widerschein auf dem Monde sehen. Würden wir dann nicht über ihre Entfernung, ihre Strahlenpracht und ihre lebenspendende Kraft erstaunen? Nun aber ist Alles, was wir sehen, die Sonne, der Mond, die Sterne, der Ocean, die Erde, die Blumen und über Alles der Mensch ein großer Spiegel, in dem wir die göttliche Vollkommenheit unvollkommen abgebildet sehen.

Ein anderes unserer Bedürfnisse ist Ruhe. Wer werden müde von der Arbeit. Aber wahre Ruhe gibt's auf Erden nicht. In Ebräer 4, 9–11. heißt es:

„Darum ist noch eine Ruhe vorhanden dem Volke Gottes. Denn wer zu seiner Ruhe gekommen ist, der ruhet auch von seinen Werken, gleichwie Gott von seinen. So lasset uns nun Fleiß thun, einzukommen zu dieser Ruhe, auf daß nicht Jemand falle in dasselbige Exempel des Unglaubens."

Aber während wir uns alle nach Ruhe sehnen, so denke ich doch, daß viele Leute sich irren, wenn sie meinen, die Kirche sei ein Ruheplatz, und wenn sie sich deßhalb der Kirche anschließen, so haben sie einen falschen Begriff von ihrer Stellung. Viele kommen in die Kirche, um zu ruhen. Der Text sagt uns: „Es ist noch eine Ruhe vorhanden dem Volk Gottes;" sagt uns aber nicht, daß die Kirche dieser Ruheplatz sei, wir haben die ganze Ewigkeit vor uns, um zu ruhen. Wir sollen bald ruhen, aber hier sollen wir arbeiten, und wenn unsere Arbeit vollendet ist, dann wird uns der Herr zu seiner Ruhe führen. Es nützt nichts, hier im Feindeslande von Ruhe zu sprechen. Wir können in dieser Welt, wo der Sohn Gottes gekreuzigt und ausgestoßen wurde, keine Ruhe finden. Ich befürchte, daß manche Leute gerade darum ihren Lohn dahin haben, weil sie in die Kirche kommen mit dem Mißbegriff, daß sie da ruhen könnten, als ob die Kirche für sie arbeitete und nicht Jeder selbst arbeiten und all seinen Einfluß gebrauchen müsse, um das Reich Gottes zu bauen.

In der Offenbarung 14, 13. lesen wir:

„Und ich hörete eine Stimme vom Himmel zu mir sagen: Schreibe: Selig sind die Todten, die in dem Herrn sterben, von nun an. Ja der Geist spricht, daß sie ruhen von ihrer Arbeit; denn ihre Werke folgen ihnen nach."

Der Tod mag uns unser Geld rauben, er mag uns unsere

Stellung rauben, er mag uns unsere Freunde nehmen; aber eins gibt es, das uns der Tod nicht nehmen kann, nemlich das, was wir für Gott gethan haben. Das wird auf ewig dauern. „Ihre Werke folgen ihnen nach." Was thun wir? Irgend etwas, das wir aus reiner, selbstloser Absicht Gutes thun, wird ewig fortleben. Wir haben das Vorrecht, Ströme der Thätigkeit in Bewegung zu setzen, welche weiter fließen werden, wenn wir einmal nicht mehr hier sind.

Es ist das Vorrecht jedes Menschen, mehr in der Zukunft zu leben, als in der Gegenwart, so daß sein Leben in fünfzig oder hundert Jahren von heute mehr wirkt, als gegenwärtig.

John Wesley's Einfluß ist heute tausendmal größer als während seines Lebens. Er lebt noch. Er lebt in dem Leben von Tausenden und Hunderttausenden seiner geistlichen Nachfolger.

Martin Luther lebt heute wirksamer als vor drei Jahrhunderten, da er Deutschland aufweckte. Er lebte nur ein Leben, und das nur auf kurze Zeit. Aber betrachtet jetzt die Hunderte, Tausende und Millionen Leben, welche er lebt. Es gibt zwischen fünfzig und sechzig Millionen Christenbekenner, welche den Heiland nach den Anweisungen Luther's verehren und dessen Namen tragen. Er ist todt nach dem Urtheil der Menschen, aber „seine Werke folgen ihm nach." Er lebt noch.

Die Stimme Johannes des Täufers schallt heute noch durch die Welt, obschon beinahe neunzehnhundert Jahre vergangen sind, seit Herodias um sein Haupt bat. Herodes glaubte, da er denselben enthauptete, er würde ihn damit zum Schweigen bringen, aber es tönt sein Bußruf heute noch durch die Welt dahin. Johannes der Täufer lebt, weil er für Gott lebte; aber er ist zu seiner Ruhe eingegangen, und „seine Werke folgen ihm nach."

Und wenn die von droben sehen können, was hier auf

Erden vorgeht, wie viel Freude muß ihnen das Bewußtsein verursachen, daß sie diese Ströme in Gang gesetzt haben, und daß diese Arbeit fortgeht — daß sie nach ihnen weiter gefördert wird.

Wenn ein Mensch ein niedriges, selbstsüchtiges Leben führt, so fährt er zur Gruft, und sein Name und alles, was mit ihm zusammenhängt, geht mit zu Grabe. Wenn er unternehmend war und hinterläßt einen Ruf mit selbstsüchtigem Motiv, so geht sein Name mit ihm zu Grunde. Aber wenn Jemand von sich ausgeht und fängt an, für Gott zu wirken, so wird sein Name ewig bleiben. Ihr könnt heute nach Schottland gehen, und ihr findet den Einfluß von John Knox in jedem Theil des Landes. Es ist fast, als könne man heute noch den Hauch der Gebete dieses Mannes in Schottland fühlen. Sein Einfluß lebt fort. „Selig sind die Todten, die in dem Herrn sterben. Sie ruhen von ihrer Arbeit und ihre Werke folgen ihnen nach." Selige Ruhe, die noch vorhanden ist; wir werden bald zur Ruhe kommen; aber wir wollen unsere Zeit hier nicht damit vergeuden, von dieser Ruhe zu reden.

Wenn ich im Auge jenes vaterlosen Knaben eine Thräne trocknen will, so muß ich es auf Erden thun. Es wird nicht gesagt in der Schrift, daß wir das Vorrecht haben werden, es nach diesem Leben thun zu können. Wenn ich irgend einem armen Gefallenen, der von der Sünde übereilt wurde, helfen will, so muß ich es hier thun. Wir werden in Zukunft nicht das Vorrecht genießen, Gottes Mitarbeiter zu sein — aber heute ist dies noch unser Theil. Schon morgen mag dies anders sein. Morgen mag es von uns genommen werden, aber heute können wir noch in den Weinberg des Herrn gehen und etwas thun, ehe die Sonne untergeht. Wir können noch etwas wirken auf Erden, ehe wir zur Herrlichkeit eingehen.

Ein anderes Bedürfniß, das wir hier fühlen, ist Liebe. Der

Himmel ist der einzige Platz, wo alle Bedingungen der Liebe vollkommen erfüllt werden. Dort ist die Liebe im vollen Sinne des Wortes gegenseitig. Dort liebt Jedermann Jedermann. In dieser Welt des Lasters und der Sünde scheint es unmöglich zu sein, daß Alle auf gleicher Stufe stehen. Wenn wir Leute treffen, welche freundlich und schön und gut sind, so ist es nicht schwierig für uns, dieselben zu lieben. So werden aber im Himmel Alle beschaffen sein. Dort braucht man nicht zu fürchten, daß man sein Vertrauen an einen Unwürdigen wegwirft. Dort werden wir von denen, die wir lieben, niemals hintergangen werden. Wenn der Verdacht des Zweifels sich düster um das Herz eines Liebenden legt, so ist es auf einmal mit dem Glück zu Ende. Dort aber wird kein Verdacht mehr hinkommen.

<blockquote>
Schmerz, Leid und Tod muß von uns weichen,
Wir werden unser Ziel erreichen
Und Jesum, den Erlöser, seh'n.
Da wird er trocknen unsre Thränen
Und stillen seiner Freude Sehnen
Und mit uns ein zur Freude gehn.
</blockquote>

Die Ueberwinder.

Von dem Himmelslichte
Trocknen im Gesichte
Alle Thränen auf.
Laute Klagen schweigen,
Keine Seufzer steigen
Von der Erd hinauf.
Gram und Noth,
Geschrei und Tod,
Blasse, thränennasse Wangen,
Alles ist vergangen.

Alle Ueberwinder
Nenn' ich meine Kinder
Und ich bin bei Gott.
Alles, alles erben
Helden in dem Sterben,
Christen in dem Tod.
Jedermann,
Wer kämpfen kann,
Juden, Könige und Heiden
Gehn im Licht der Freuden.

Erster, Letzter, komme!
Siehe, wie die fromme
Seele zu dir wallt! —
Doch die Ohren hören
Harmonie der Sphären:
Ja, ich komme bald!
Schon erscheint
Der Menschenfreund!
Seele, nenne seinen Namen:
Komm, Herr Jesu! Amen.

Der Himmel:

Seine Belohnung.

Aufblick.

Herr, ich schau nach jenen Höhen,
Wo in einer wärmern Welt
Keine Eisgebirge stehen
Und der Schnee nicht wieder fällt.

Engel holet mich hinauf!
Denn es stockt der Kräfte Lauf,
Und um starrende Gesträuche
Irr ich kalt wie eine Leiche.

Welche namenlose Wonne,
Wenn kein Auge wieder weint,
Und die ew'ge Frühlingssonne
In dem neuen Himmel scheint!

Hell wie Schnee im Sonnenschein,
Werden unsre Kleider sein;
Und die frohen Seelen müssen
Von Gesängen überfließen.

Kapitel VI.

Seine Belohnung.

Ein Jeglicher aber wird seinen Lohn empfangen, nach seiner Arbeit. 1 Cor. 3, 8.

Und mein Lohn ist mit mir, zu geben einem Jeglichen wie seine Werke sein werden. Offb. 22, 12.

Wenn ich die Sachen recht verstehe, so sind diejenigen Leute, welche erwarten, hier dafür belohnt zu werden, daß sie recht handelten, nicht geschickt für den Herrn zu wirken; denn wenn sie die Ehre bei den Menschen suchen, wenn sie ihren Lohn in diesem Leben erwarten, so macht sie dies unfähig zum Dienste Gottes, weil sie beständig mit der Wahrheit einen Compromiß zu machen suchen.

Sie befürchten, Jemandes Gefühle zu verletzen. Sie befürchten, daß Jemand etwas gegen sie sagen werde, und daß man ihnen in den Zeitungen entgegentreten möchte. Aber wir müssen die Welt unter unsere Füße treten, wenn wir unsern Lohn in jenem Leben erwarten. Wenn wir dem Herrn leben, so müssen wir Verfolgung leiden. Das Reich der Finsterniß und das Reich des Lichts sind in gegenseitigem Kampfe begriffen, so war es und so wird es bleiben, so lange der Satan in dieser Welt regiert. So lange dem Reiche der Finsterniß eine Existenz gestattet ist, so lange währt dieser Streit, und wenn du erwartest populär zu sein im Reiche Gottes, wenn du hoffst im Himmel angesehen zu sein und eine ewige Belohnung zu erhalten, so mußt du dir die Verachtung der Welt gefallen lassen.

Wenn du das Ansehen der Menschen suchst, kannst du nicht erwarten, daß der Herr sagen wird: „Ei, du frommer und getreuer Knecht," am Ende deiner Pilgerreise. Du kannst nicht beides haben. Warum? Weil die Welt im Kampfe steht mit Gott. Die Idee, daß die Welt beständig besser wird, ist ganz falsch. Das alte, natürliche Herz ist heute gerade so feindlich gesinnt gegen Gott als es war, da Kain seinen Bruder Abel tödtete. Die Sünde erschien in Kain völlig ausgewachsen in dieser Welt. Und von der Zeit an, daß Kain in dieser Welt geboren wurde, ist der Mensch mit Gott im Kampfe. Diese Welt ist nicht bestanden in der Wahrheit und wir müssen die Welt, unser Fleisch und den Teufel bekämpfen; und wenn wir die Welt bekämpfen, so liebt sie uns nicht; und wenn wir das Fleisch bekämpfen, so liebt das Fleisch uns nicht. Wir müssen das Fleisch kreuzigen. Wir müssen den alten Menschen kreuzigen und in den Tod bringen. Dann bekommen wir bald unsern Lohn und eine herrliche Belohnung wird das sein.

Wir lesen in Lukas 16, 15:
„Und er sprach zu ihnen: Ihr seid es, die ihr euch selbst rechtfertiget vor den Menschen, aber Gott kennt eure Herzen; denn was hoch ist unter den Menschen, das ist ein Greuel vor Gott."

Wir müssen direkt gegen den Strom der Welt gehen. Wenn die Welt nichts gegen uns zu sagen hat, so können wir uns ziemlich fest darauf verlassen, daß unser Heiland wenig für uns zu sagen hat. Es gibt manche, denen geht es schwer, der Welt entgegen zu gehen. Sie sagen, sie wissen, daß dies und jenes unrecht ist, wagen es aber nicht, ein Wort dagegen zu sagen, weil sie befürchten, sich dadurch unpopulär zu machen. Wenn wir dort die Belohnung erwarten, so müssen wir den guten Kampf des Glaubens kämpfen. Für

Seine Belohnung. 105

alle diese ist, wie Paulus sagt, „aufgehoben die Krone der Gerechtigkeit, welche der Herr, der gerechte Richter, ihnen geben wird an jenem Tage."

Die Furcht des Todes.

Wie wenig verstehen wir die Bedeutung des Wortes Ewigkeit zu würdigen! Die ganze Zeit zwischen der Schöpfung und dem Ende der Welt, wird kaum einen Tag der Ewigkeit ausmachen. Mit der Zeit ist es wie mit der Unendlichkeit des Raumes, dessen Centrum überall und dessen Grenzen nirgends sind. Wir lesen in der Epistel an die Ebräer:

„Nachdem nun die Kinder Fleisch und Blut haben, ist Er's gleichermaßen theilhaftig geworden, auf daß er durch den Tod die Macht nähme dem, der des Todes Gewalt hatte, das ist, dem Teufel, und erlösete die, so durch Furcht des Todes im ganzen Leben Knechte sein mußten."

Es gibt nicht Wenige, die sich Kinder Gottes nennen und in beständiger Furcht des Todes dahinleben. Ich glaube, daß sie damit Gott entehren. Ich glaube nicht, daß es sein Wille ist, daß eins seiner Kinder einen Augenblick in Angst sein sollte. Wenn ihr die Wahrheit kennt, wie sie ist in Christo Jesu, so habt ihr keine Ursache euch zu ängstigen, denn durch den Tod werdet ihr zur Herrlichkeit eingeführt, während eure Namen bereits dort eingeschrieben sind.

Und der nächste Gedanke gilt denen, die uns nahe am Herzen liegen. Ich glaube, daß es nicht nur unser Vorrecht ist, unsere Namen im Himmel angeschrieben zu haben, sondern auch der Kinder, die der Herr uns gegeben hat; und unser Herz sollte sich erheben zu ihrer Rettung. Die Verheißung gilt nicht nur uns, sondern unseren Kindern. Manches Vater- und Mutterherz seufzt um die Rettung ihrer Kinder. Wenn euer eigener Name dort ist, so lasset eure nächste Sorge sein, daß die Namen der Kinder, welche Gott euch gegeben hat, im Himmel angeschrieben werden.

Eine Mutter in einer unserer östlichen Städte, welche eine Anzahl Kinder hatte, war dem Tode nahe. Sie litt an der Auszehrung und als sie sich ihrem Ende näherte, wurden die Kinder eins nach dem andern zu ihr herein gebracht. Sie nahm Abschied von dem ältesten und gab ihm ihren Segen, dann legte sie ihre segnenden Hände auf das Haupt des nächsten und dann des nächsten und so der Reihe nach, bis das kleinste herzugebracht wurde. Sie nahm es in ihre Arme, drückte es an ihr Herz und ihre Freunde sahen, daß ihr Ende herannahe, deßhalb nahmen sie ihr das Kind ab, während sie sagte: „Mein lieber Gatte, ich verlange von dir, daß du alle diese Kinder mit dir heim bringst." So verlangt Gott von uns, daß wir unsere Kinder mit uns heim bringen; nicht nur, daß unsere Namen im Himmel angeschrieben sind, sondern auch die unserer Kinder.

Ein treuer christlicher Freund in New York erzählte mir eine Geschichte, welche einen großen Eindruck auf mich machte.

Ein Vater hatte einen Sohn, welcher eine Zeitlang leidend gewesen war, doch schien keine Gefahr vorhanden zu sein, bis er eines Tages, als er von der Arbeit heim kam, seine Gattin in Thränen fand. „Was fehlt dir, meine Liebe?" fragte er.

„Es ist seit heute Morgen in dem Befinden unseres Sohnes eine große Veränderung vorgegangen, und ich befürchte, er wird sterben," sagte die Mutter. „Gehe einmal zu ihm hinein, und wenn du denkst, es sei Gefahr, so sage es ihm, ich kann es nicht übers Herz bringen."

Der Vater ging zu dem Sohne in das Schlafzimmer, setzte sich zu ihm und als er ihm seine Hand auf die Stirne legte, fühlte er den feuchten, kalten Schweiß des Todes, und er nahm wahr, daß der Sohn nur noch sehr kurze Zeit zu leben habe. Daher sagte er zu ihm:

„Mein Sohn, weißt du, daß du sterben mußt?"
Der Kleine blickte ihn überrascht an und sagte:
„Nein, muß ich? Ist dies der Tod, was so eigenthümlich über mich kommt, Vater?"
„Ja, mein Kind, du bist am Sterben."
„Werde ich wohl diesen Tag zu Ende leben?"
„Kaum, du kannst jeden Augenblick sterben."
Wieder blickte er seinen Vater an und sagte: „Nun, dann werde ich heute Abend bei meinem Heilande sein, nicht wahr, Vater?"
Und der Vater erwiderte: „Ja, mein Sohn, du wirst die nächste Nacht bei dem Heilande sein," und der Vater wandte sich ab, um seine Thränen zu verbergen, daß der Kleine ihn nicht möge weinen sehen; aber derselbe sah die Thränen und sagte:
„Vater, weine nicht um mich; wenn ich in den Himmel komme, so werde ich gerade zu Jesus gehen und ihm sagen, daß du versucht hast, mich zu ihm zu führen, so lange ich mich zu erinnern weiß."

Ich habe drei Kinder, und der innigste Wunsch meines Herzens ist, daß dieselben gerettet werden, daß ich weiß, daß ihre Namen im Himmel geschrieben sind. Es mag sein, daß ich frühe von ihnen weggenommen werde; ich mag dieselben in dieser wechselvollen Welt allein zurücklassen müssen; aber es wäre mir lieber, wenn meine Kinder das von mir sagen könnten, wenn ich sie verlassen müßte oder sie vor mir hin= über gingen in die Ewigkeit, — daß sie dem Herrn sagen könnten, ich hätte versucht sie zum Heilande zu führen — als wenn mir ein Denkmal gesetzt würde, welches bis an den Himmel reichte.

Wir sollten den Tod nicht so ansehen, wie wir meistens thun. Der Dichter sagt davon:

> „Süß ist's zu sterben, wenn im Herzen Friede —
> Der Friede wohnt, den uns die Welt nicht gibt,
> Da legt zur Ruhe sich der Lebensmüde,
> Die Seele scheidet froh, durch nichts getrübt;
> Sie will zu jenen strahlenvollen Höhen,
> Entgegen Dem, auf den sie hier vertraut;
> Sieht jauchzend dort die Friedenspalme wehen,
> Ihr Seufzen wandelt sich in Wonnelaut."

Das Register wird abgelesen und eins nach dem andern heimgerufen, aber die Namen unserer Lieben sind dort, und wenn wir wissen, daß sie gerettet sind, wie süß ist dann der Gedanke, daß wir sie wieder treffen, wenn wir hinüber kommen, und sie in dem herrlichen Morgen begrüßen, dem keine Nacht mehr folgen wird.

Während des Bürgerkrieges lag ein junger Mann auf seinem Lager und man hörte ihn sagen: „Hier, hier!" Als man zu seinem Lager trat und nach seinem Begehren fragte, sagte er: „Horch! Still, hört ihr sie nicht?" „Wen sollten wir hören?" wurde gefragt. „Man liest im Himmel das Namensregister ab," sagte er; und bald hörte man ihn wieder sprechen: „Hier", und er war zu seiner Ruhe eingegangen. Wenn unsere Namen im Buch des Lebens stehen, so können wir bald, wenn der Name abgerufen wird, mit Samuel sagen: „Hier bin ich, Herr!" und hinüber in seine Arme eilen. Und wenn unsere Kinder frühe abgerufen werden, o wie herrlich ist der Gedanke, wenn sie in Christo selig entschlafen sind, daß der große Seelenhirte sie in seine Arme gesammelt hat und in seinem Busen trägt, und wir sie bald wieder sehen werden.

Paulus, der christliche Held.

Der Weg, um in den Himmel zu kommen, ist, selig zu werden durch den Glauben an Jesum Christum.

Seine Belohnung.

Die Seligkeit ist ein Geschenk, aber wir müssen sie ausschaffen, gerade als wenn uns eine Goldmine geschenkt würde.

Ich erhalte keine Krone dafür, daß ich mich der Kirche anschließe, oder einen Sitz miethe.

Sehet Paulus an. Er gewann die Krone. Er hatte manchen harten Kampf, er begegnete dem Satan auf manchem heißen Schlachtfelde, und er bekam und trug seine Siegeskrone. Es würde etwa zehntausend gewöhnliche Christen unserer Zeit oder irgend einer andern Zeit erfordern, um einen Paulus daraus zu machen. Wenn ich das Leben dieses Apostels lese, so werde ich beschämt über die Christen des neunzehnten Jahrhunderts. Es sieht schwach und kränklich damit aus.

Seht, was er durchmachte. Er wurde fünfmal gegeißelt. Die römische Weise der Geißelung war, dem Gefangenen die Hände zusammenzubinden, ihn dann in eine gebückte Stellung zu bringen, dann kam ein Soldat mit der geflochtenen Geißel, in welche scharfe Stahlspitzen eingedreht waren, und es war nicht selten, daß das arme Opfer unter den unbarmherzigen Schlägen mit derselben den Geist aufgab. Nun sagt Paulus, daß er fünf verschiedene Male gegeißelt wurde. Wenn wir heute nur einen Backenstreich bekämen, was würde das ein Gejammer abgeben; es würde ein Aufsehen erregen, daß noch vor Sonnenaufgang vierzig Verleger hinter uns her wären, um unsere Lebensgeschichte zu drucken und Kapital daraus zu machen. Aber Paulus sagt: „Ich habe fünfmal vierzig Streiche erlitten, weniger einen. Das war ihm nichts. Stelle dich einmal neben ihn.

„Paulus, du bist von den Juden viermal geschlagen worden, und sie sind im Begriffe, dir weitere neununddreißig Streiche zu geben; was wirst du thun, wenn du aus dieser Schwierigkeit heraus bist? Was wirst du überhaupt in diesen Umständen anfangen?"

„Anfangen?" sagt er. „Ich will das thun, ich will mich strecken nach dem vorgesteckten Ziel meiner hohen Berufung. Ich bin auf dem Wege, meine Krone zu bekommen." Er wollte seine Krone nicht verlieren. „Denkt ihr, ein paar Schläge würden mich abwendig machen? Auf diese Trübsal, die zeitlich und leicht ist, kommt's nicht an."

Und so ertheilen sie ihm weitere neunundreißig Hiebe.

Er hatte den Wettlauf im Namen Jesu begonnen und eilte dem Ziele entgegen. Wenn ihr mir den Ausdruck erlaubt, der Teufel fand einen gleichen Gegner, als er Paulus traf. Er lenkte nie ab auf ein Seitengeleise. Er setzte sich niemals hin, um eine Selbstvertheidigung zu schreiben. Alle Kraft, die er besaß, war Christum gewidmet. Er gab nie der Welt das Geringste davon, noch sich, um sich selbst zu vertheidigen. Er wollte seine Krone nicht verlieren. Sehet euch vor, daß Niemand eure Krone nehme.

„Dreimal mit Ruthen geschlagen." Stellt euch wieder neben ihn.

„Nun, Paulus, sie haben dich zweimal geschlagen und werden es wiederholen. Was willst du thun? Wirst du zu predigen fortfahren? Wenn so, dann laß mich dir einen guten Rath geben. Sei nicht ganz so entschieden, ein wenig mehr conservativ; gebrauche etwas glättere Sprache und bedecke sozusagen das Kreuz mit schönen Worten und blumenreichen Sätzen, und sage den Leuten, daß sie nach Allem doch ziemlich gut seien; daß sie nicht ganz so schlimm seien, und suche die Juden zufriedenzustellen; mache sie dir zu Freunden und befreunde dich mit der Welt, die Welt wird um so viel mehr von dir halten. Sei nicht so ernst und so radikal, Paulus; komm, nimm unsern Rath an. Was hast du im Sinne zu thun?"

„Thun?" sagte er; „ich will das thun: ich strecke mich nach dem vorgesteckten Ziel meiner himmlischen Berufung." So erheben die Peiniger ihre Ruthen, und jeder Schlag bringt ihn seinem Herrn näher.

Stellt euch wieder neben ihn. Sie fangen an, ihn zu steinigen. Das war die Art und Weise, wie diejenigen getödtet wurden, welche nicht predigten, wie es den Leuten gefiel.

Es scheint, daß er in seiner eigenen Münze zurückbezahlt wurde, denn als Stephanus zu Tode gesteinigt wurde, stand Paulus — damals Saul — dabei und hatte „Wohlgefallen an seinem Tode."

„Aber jetzt, Paulus, die Sache wird ernst. Würdest du nicht besser manche von den Dingen, welche du von Jesus geprediget hast, widerrufen? Was willst du thun?"

„Thun?" sagte er. „Und wenn sie mich tödten, dann werde ich um so schneller zu meiner Krone gelangen."

Er wollte keinen Zoll nachgeben. Er hatte etwas, das die Welt nicht geben konnte; er hatte etwas, das die Welt nicht nehmen konnte; er hatte ewiges Leben, und seiner wartete die Krone der Herrlichkeit.

Die leichten Trübsale.

Dreimal hatte er Schiffbruch gelitten; Tag und Nacht in der Tiefe des Meeres zugebracht. Seht diesen mächtigen Apostel, Tag und Nacht bringt er in der Tiefe zu. Dort ist er, der Schiffbrüchige; wozu? Wollte er Geld gewinnen? Nein, um Gewinn war es ihm nicht zu thun. Er ging umher von Stadt zu Stadt, von Ort zu Ort, um das herrliche Evangelium von Christo zu predigen und das Kreuz emporzuheben, wo sich ihm nur Gelegenheit bot. Er ging nach Corinth und predigte achtzehn Monate lang, und er fand dort keine Schaar hervorragender Prediger, die neben ihm auf der Bühne saßen, wenn er predigte. Es stand Niemand bei ihm. Als er nach Corinth kam, fand sich kein angesehener Geschäftsmann, um ihn zu unterstützen und ihm zu rathen; der kleine Teppichweber kommt als Frembling nach Corinth, und das erste, was er thut, ist, einen Platz zu finden, wo er sein Handwerk treiben kann. Er konnte in keinem Hotel logiren, seine Mittel erlaubten ihm das nicht, darum sucht er im Schweiße seines Angesichts sein Brod zu verdienen. Denkt euch den großen Apostel, wie er seine Teppiche webt und dann hinausgeht an die Straßenecken und predigt, und vielleicht gerieth er hie und da in eine Synagoge, wo ihn die Juden hinauswiesen, denn sie wollten ihn nicht predigen hören von Christus dem Gekreuzigten.

Wenn ich den Lebenslauf eines solchen Mannes lese, so werde ich schamroth gegenüber dem ärmlichen, zwerghaften Christenthum unserer Tage, und wie viele Hunderte gibt's noch sogar, welche gar nicht daran denken, für Jesus, den Sohn Gottes, zu wirken.

Als er später seine Epistel an die Corinther schrieb, zählte er manche Dinge auf, die er hatte. Er ist „oft gereiset, in Gefahr zu Wasser, in Gefahr unter den Räubern, in Gefahr unter den Juden, in Gefahr unter den Heiden, in Gefahr in den Städten, in Gefahr in der Wüste, in Gefahr auf dem Meer, in Gefahr unter falschen Brüdern." Dies letzte mußte ihn wohl am tiefsten geschmerzt haben. „In Mühe und Arbeit, in viel Wachen, in Hunger und Durst, in viel Fasten, in Frost und Blöße." Ohne daß er daneben die Sorge um die Gemeinden hatte. (2 Cor. 11, 26-28.) Dieses sind nur manche der Dinge, die er zusammenzählt. Wißt ihr, was ihn so sehr glücklich machte? Es war dies, daß er an die Schrift glaubte; er glaubte die Bergpredigt. Wir bekennen, sie zu glauben, wir thun, als ob wir sie glaubten; aber nur wenige von uns glauben mehr als die Hälfte derselben. Höret nur einen Satz dieser Predigt: „Freuet euch und hüpfet, denn euer Lohn wird groß sein im Himmel," wenn ihr verfolgt werdet. Verfolgung war aber fast alles, was Paulus hatte.

Seine Belohnung.

Das war sein Kapital, und er hatte ziemlich viel von demselben. Er hatte viel Verfolgung gesammelt und daher großen Lohn zu erwarten. Christus sagt: „Freuet euch und hüpfet, denn euer Lohn wird groß sein im Himmel." Und wenn Christus etwas als groß bezeichnet, so muß es in der That wunderbar groß sein. Wir heißen Dinge groß, welche in Jesu Augen sehr klein erscheinen mögen; und manche andere Sachen kommen uns klein vor, die vor ihm groß erscheinen. Wenn er, der große Christus, der Schöpfer Himmels und der Erden, der durch sein Machtwort den Himmel und die Erde ins Dasein rief — wenn er es einen großen Lohn heißt, o, was muß es dann sein?

Vielleicht sagten Manche dem Heidenapostel: „Aber Paulus, du hast zu viel Opposition, und daher hast du zu viel zu leiden."

Höre, was er antwortet: „Denn unsere Trübsal, die zeitlich und leicht ist, schaffet eine ewige, über alle Maßen wichtige Herrlichkeit."

„Unsere leichte Trübsal" heißt er sie. Wir hätten dieselbe als ziemlich hart und ziemlich schwer bezeichnet, nicht wahr?

Aber er sagt: „Diese leichte Trübsal ist nichts; denkt an die Herrlichkeit, die meiner wartet, denkt an die Krönung, denkt an die Belohnung, der ich entgegensehe. Ich bin auf dem Wege; der gerechte Richter wird mir's mittheilen, wenn die Zeit kommt." Das erfüllte seine Seele mit Freude, der Gedanke an die herrliche Belohnung, welche seiner wartete.

Nun, meine Freunde, laßt uns einmal sehen, was Paulus gewirkt hat. Denkt euch seinen Ausgang unter die Heiden; der erste Missionar, der diesen Leuten, welche in Gottlosigkeit, Bosheit und Feindschaft lebten, das herrliche Evangelium von Christo predigte und ihnen sagte, daß dieser Mann, welcher außerhalb der Mauern der Stadt Jerusalem den Tod eines gewöhnlichen Missethäters, eines Verbrechers in den

Augen der Welt, starb, daß dieser der verheißene Christus sei, und daß sie an diesen Gekreuzigten glauben müßten, wenn sie das Reich Gottes ererben wollten. Denkt an den dunklen Berg des Widerspruchs, der vor ihm aufstieg, denkt an die Opposition, denkt an die Verfolgung, und dann denkt an die Kleinigkeiten, die in unserm Wege liegen.

Gesang im Kerker.

Aber viele Weltmenschen denken, das Leben Pauli sei ein Fehlschlag gewesen. Vielleicht dachten seine Feinde, als sie ihn ins Gefängniß steckten, das werde ihn zum Schweigen bringen; aber wißt ihr, daß ich glaube, daß Paulus Gott mehr für Gefängniß und Schläge, Widerstand und Verfolgungen, die er durchzumachen hatte, dankt, als für irgend etwas, das ihm widerfahren ist?

Gerade die Dinge, welche uns am unangenehmsten sind, sind oft die allerheilsamsten für uns.

Die Christenheit hätte vielleicht seine herrlichen Episteln nicht, wenn er nicht ins Gefängniß gekommen wäre. Dort nahm er seine Feder und schrieb Briefe an die Gemeinden zu Galatien, Ephesus, Philippi, Colossus und an Philemon und Timotheus. Betrachtet die beiden Episteln, die er an die Corinther schrieb. Wie viel Nutzen hat die Welt aus diesen Briefen gezogen. Welch ein Segen sind sie für die Kirche gewesen, welch ein Licht haben sie auf den Lebenspfad vieler Menschen geworfen. Aber wir hätten jene Episteln vielleicht nicht, wenn Paulus keine Verfolgung zu erdulden gehabt hätte.

Vielleicht dankt John Bunyan Gott heute mehr für das Bedford Gefängniß, als etwas sonst, das ihm auf Erden begegnete. Vielleicht hätten wir seine „Pilgerreise" nie gesehen, wäre er nicht ins Gefängniß gekommen. Der Teufel dachte wohl, er habe etwas Großes zuwege gebracht, als er Bunyan

Seine Belohnung.

zwölf Jahre und sechs Monate einkerkerte; aber welch ein Segen ist es der Welt geworden! Und ich glaube, Paulus dankt Gott heute für den Kerker zu Philippi und seine Gefangenschaft zu Rom, welche ihm Muße gewährte, seine segensreichen Briefe zu schreiben. Redet von Alexander, welcher die Welt unter dem Fußtritt seiner Armeen erzittern machte, und von der Macht Cäsar's und Napoleon's; aber hier ist ein kleiner Teppichmacher ohne Armee, welcher den „ganzen Erdkreis umgekehret" hat.

Warum?

Weil Gott der Allmächtige mit ihm war.

Paulus sagt an einem Platze: „Aber ich achte deren keins." Man warf ihn ins Gefängniß, aber er blieb sich gleich, er achtete es nicht. Als er in Corinth und Athen predigte, er blieb sich gleich. Er streckte sich nach dem vorgesteckten Ziele. Wenn Gott es für gut hielt, ihn durchs Gefängniß zu führen, um die Krone zu gewinnen, so war es ihm recht. Sie führten ihn ins Gefängniß, aber sie führten den Allmächtigen mit hinein, denn Paulus war so mit dem Herrn vereinigt, daß man ihn nicht von ihm trennen konnte. Er wollte lieber mit Christus im Gefängniß sein, als außerhalb desselben ohne Christus. Er wollte tausendmal lieber mit dem Sohne Gottes ins Gefängniß gehen und mit ihm kurze Zeit hier Verfolgung leiden, als ohne ihn die Ruhe der Welt genießen.

Er hörte den macedonischen Ruf: „Komm herüber und hilf uns!" Er ging hinüber und predigte, und das erste, das ihm widerfuhr, war, daß er zu Philippi in den Kerker gethan wurde. Wäre er so verzagt gewesen, wie die meisten von uns, so hätte er sich getäuscht und niedergeschlagen gefühlt. Großes Klagen wäre die Folge gewesen.

Er hätte gesagt: „Das ist eine wunderliche Vorsehung, die mich hierher geführt. Ich meinte, der Herr habe mich hergerufen. Nun bin ich hier im Gefängniß in einer fremden

Stadt; wie bin ich nur eigentlich hergekommen? Und wie werde ich wieder hinauskommen? Ich habe weder Geld noch Freunde; ich habe keinen Anwalt, Niemand, der sich für mich verwendet; hier sitze ich. Paulus und Silas waren nicht nur im Gefängniß, sondern ihre Füße waren im Stock. Dort saßen sie im inneren Gefängniß, einer düstern, kalten, feuchten Höhle. Aber um Mitternacht hörten die anderen Gefangenen eigenthümliche Töne. Sie hatten deßgleichen vorher nie gehört. Sie hörten Gesang. Ich weiß nicht, welches Lied jene gefangenen Evangelisten sangen, aber eins weiß ich, es war kein Klagelied über Langeweile. Ihr wißt, wir haben ein Lied, das heißt: „Wie lange und schwer wird die Zeit, wenn Christus so lange nicht hier." Das war's nicht. Es waren, wie es heißt, Dankeslieder. In der That, ein eigenthümlicher Ort, Lobgesänge zu singen, nicht wahr?

Ich denke, es war wohl gerade um die Zeit des Abendgebets, und daß sie ihre Abendandacht gehalten hatten, und nun einen Lobgesang darauf sangen. Und Gott erhörte ihr Gebet, das alte Gefängniß zitterte, die Ketten fielen von ihnen ab und die Thüren des Kerkers öffneten sich. Ja, ja, ich hege keinen Zweifel, daß Paulus heute in der Herrlichkeit Gott dafür dankt, daß er in dem Gefängniß zu Philippi war, und daß der Kerkermeister damals bekehrt wurde.

Eingang zur Herrlichkeit.

Aber betrachtet ihn in Rom. Nero hat sein Todesurtheil unterzeichnet. Stellt euch hin und betrachtet den kleinen Mann. Er ist nicht groß, in den Augen der Welt ist er unbedeutend, die Welt blickt mit Verachtung auf ihn herab. Geht in den kaiserlichen Palast und sprecht über den Gefangenen — über Paulus — und ihr werdet auf jedem Angesicht die Miene des Hohns wahrnehmen.

Seine Belohnung.

„Ach, er ist ein Fanatiker," sagen sie, „er ist der Raserei verfallen." Ich wünschte, die Welt wäre voll solcher Fanatiker. Ich sage euch, wir bedürfen heutzutage nichts mehr als einige solcher Fanatiker, wie Paulus war; Leute, die nichts fürchten als die Sünde, und nichts lieben als nur Gott. Rom hatte nie einen solchen Sieger innerhalb seiner Mauern gesehen. Niemals stand ein so mächtiger Mann wie Paulus innerhalb seiner Grenzen. Obschon die Welt ihn mißachtete, und er vielleicht ein unansehnliches Aeußeres hatte, so war er doch in den Augen, die von Oben auf ihn schauten, der gewaltigste Mann, der jemals die Straßen Roms betreten hatte. Und vielleicht wird nie mehr seines Gleichen auf jenen Straßen wandeln. Der Sohn Gottes wandelte mit ihm, und die Kraft des hl. Geistes ruhte auf ihm. Aber besucht ihn in seinem Gefängniß; ruhig sitzt er da. Beamte kommen und sagen ihm, Nero habe sein Todesurtheil unterzeichnet. Er zittert nicht, er kennt keine Furcht.

„Paulus, reut dich jetzt nicht dein Eifer um Christi willen? Es wird dich dein Leben kosten; wenn du dasselbe noch einmal zu überleben hättest, würdest du es Jesum von Nazareth weihen?" Was denkt ihr, was der alte Kämpfer sagen würde?

Seht, wie sein Auge aufflammt, während er sagt: „Wenn ich zehntausend Leben hätte, so würde ich jedes dieser Leben Christum weihen, und die einzige Reue, welche ich in dieser Richtung fühle, ist die, daß ich ihm nicht viel früher und treuer gedient habe; was ich zu beklagen habe, ist, daß ich jemals meine Stimme erhob gegen Jesum von Nazareth."

„Aber man wird dich enthaupten."

„Nun, sie mögen meinen Kopf nehmen, der Herr Jesus hat mein Herz. Ich frage nichts nach meinem Haupt, seitdem der Heiland mein Herz hat. Von meinem Herrn können sie mich nicht trennen, und wenn man mir das Haupt abschlägt, so werde ich abscheiden und zu Christo gehen, welches auch viel besser ist."

Und sie führen ihn heraus. Ich weiß nicht, um welche Zeit es war, vielleicht in früher Morgenstunde. Eine Ueberlieferung sagt, sie hätten ihn zwei Meilen von der Stadt hinweggeführt. Betrachtet den kleinen Teppichmacher, wie er mit aufgerichtetem Haupt die Straßen Roms durchschreitet. Seht, wie fest der Riese seinen Fuß aufsetzt. Er ist auf seinem Wege zum Richtplatz. Stellt euch neben ihn und horcht, was er sagt. Er redet von der Herrlichkeit jenes Lebens.

Er sagt: "Hinfort ist mir beigelegt die Krone des ewigen Lebens. Heute noch werde ich den König sehen in seiner Schöne. Lange habe ich mich gesehnt, bei ihm zu sein und ihn zu schauen. Heute ist mein Krönungstag."

Die Welt verspottete ihn, aber er achtete des Spottes nicht. Er besaß etwas, das die Welt nicht kennt; es brannte in seinem Innern eine Liebe und ein Eifer, von dem die Welt nichts wußte. O die Liebe, welche Paulus für seinen Meister fühlte! Aber o, die noch viel größere Liebe, welche Jesus gegen Paulus hegte!

Die Stunde ist gekommen. Die Art und Weise der Enthauptung in jenen Tagen war, daß der Verurtheilte seinen Nacken vorbeugte, worauf ihm dann ein römischer Soldat mit seinem Schwerte das Haupt abschlug. Die Stunde hat geschlagen, und mir ist's, als könnte ich Paulus mit fröhlichem Angesicht sehen, wie er sein gesegnetes Haupt vorbeugt, und der römische Soldat mit dem Schwert kommt und seinen Geist in Freiheit setzt.

Wenn unsere Augen geöffnet wären, wie die des Elisa waren, so hätten wir ihn vielleicht einen Flammenwagen besteigen und so den unendlichen Raum durcheilen sehen, wie Elias einst bei seiner Himmelfahrt.

Seine Belohnung.

Sehet ihn nun, wie er sich höher und höher schwingt, seht ihn emporschweben, höher, höher und immer höher zur ewigen Herrlichkeit empor.

Und betrachtet ihn nun drüben!

Seht! Er naht sich der himmlischen Stadt der Heiligen, der seligen Wohnung der Erlösten. Das Kleinod, nach welchem er sich so lange gesehnt, ist nun gefunden. Seht jene Perlenthore, wie sie sich öffnen. Seht die Herolde Gottes in strahlendem Gewande. Hört, wie der Freudenruf die Himmel durchtönt: „Er kommt! Er kommt!" Und er schwebt durch die leuchtenden Thore, über die goldenen Gassen zum Throne Gottes hin, wo Christus steht und spricht: „Ei, du frommer und getreuer Knecht; gehe ein zu deines Herrn Freude!"

Denkt nur, wenn das der Herr selbst sagt! Entschädigt und belohnt uns das nicht für Alles?

O Freunde! Bald kommt auch die Reihe an euch und mich, wenn wir nur treu bleiben. Lasset uns wachen, daß wir unsere Krone nicht verlieren. Lasset uns aufwachen und anziehen den ganzen Harnisch Gottes! Lasset uns laufen in den Kampf, der uns verordnet ist; es ist ein herrliches Vorrecht. Dann wird auch uns die Stimme des Heilandes begrüßen, wie die Heiligen der Vorzeit: „Ei, du frommer und getreuer Knecht, gehe ein zu deines Herrn Freude!"

WORKS OF D. L. MOODY.

Prevailing Prayer; What Hinders It. Paper covers, 30 cents, cloth, 60 cents.

An earnest and solemn work, full of helpful hints on the aids and hindrances to prevailing prayer.

To The Work! To The Work! A Trumpet Call. Exhortations to Christians. Paper cover, 30 cents; cloth, 60 cents.

This new work by Mr. Moody is in the line of his most successful effort, that of stirring Christians to active, personal, aggressive work.

The Way to God, and How to Find It. Thirty-fourth thousand. Paper cover, 30 cents; cloth, 60 cents.

An excellent manual for the soul-winner and the awakened sinner, which we trust will be the means of leading thousands to Christian life and heaven—*Zion's Herald.*

Heaven; its Hope; its Inhabitants; its Happiness; its Riches; its Reward. Eighty-fourth thousand. Paper cover, 30 cents; cloth, 60 cents.

While adapted to the humblest capacity, it will command the attention of the mature and thoughtful.—*National Presbyterian.*

Mr. Moody's unfaltering faith and rugged enthusiasm are manifested on every page.—*Christian Advocate.*

Secret Power; or the Secret of Success in Christian Life and Work. Paper cover, 30 cents; cloth, 60 cents.

A deeply earnest and helpful book on the work of the Holy Spirit in the believer, inciting to more diligent effort and to a more perfect use of the privileges of the "Sons of God."

Twelve Select Sermons. One hundred and thirtieth thousand. Paper cover, 30 cents; cloth, 60 cents.

With the effect of these addresses, when spoken, the whole land is acquainted, and now that they are printed, they will tend to keep in force the impression they have already made.—*Methodist.*

Daniel, the Prophet. 64 pp., 16mo. Paper cover, 20 cents; cloth, flexible, 40 cents.

The Full Assurance of Faith. Some thoughts on Christian confidence. Paper cover, 15 cents; cloth, flexible, 25 cents.

The Way and the Word. Sixtieth thousand. Comprising "Regeneration," and "How to Study the Bible." Cloth, 25 cents; paper, 15 cents.

How to Study the Bible. Forty-fifth thousand. Cloth, 15 cents; paper, 10 cents.

The Second Coming of Christ. Thirty-fourth thousand. Paper cover, 10 cents.

Inquiry Meetings. By Mr. Moody and Maj. Whittle. Paper cover 15 cents.

Small Gospel Booklets. By D. L. Moody. 12 separate sermons.

Published in small square form, suitable for distribution or enclosing in letters. 35 cents per dozen, $2.50 per hundred. May be had assorted or of any separate tract. Sold only in packets.

Any of the above sent postpaid to any address on receipt of price. Special rates for distribution made known on application.

F. H. REVELL, CHICAGO: 148 and 150 Madison Street.
NEW YORK: 148 and 150 Nassau Street.

HOW TO OBTAIN ANY BOOK IN THIS LIST. If your Bookseller does not have these books on hand you can obtain them **Promptly** and **Safely** by sending direct to the publisher, enclosing the price as marked in the list. Send money in postal note (to be had at any post office for 3 cents) or, if preferable, small amounts may be sent in postage stamps.

A CLASSIFIED LIST OF

BOOKS OF PRACTICAL WORTH

SELECTED FROM THE CATALOGUE
— OF —

FLEMING H. REVELL,

Publisher of Evangelical Literature,

148 AND 150 MADISON ST., CHICAGO.

Special Terms are offered on many of our publications when used in quantities for gratuitous circulation.

HELPS IN BIBLE STUDY.

Notes and Suggestions for Bible Readings. Twenty-first thousand. Compiled by S. R. BRIGGS and J. H. ELLIOTT. Large 12mo, 262 pages, with complete index, cloth, fine, $1.00; flexible cloth, traveler's edition, 75 cents; cheap edition, paper covers, 50 cents.

Acknowledged to be the very best help for Bible readings in print. Containing, in addition to twelve introductory chapters on plans and methods of Bible study and Bible Readings, over six hundred outlines of Bible readings by many of the most eminent Bible students of the day.

This is a book which every Bible student should possess. Those who conduct Bible readings will find it most suggestive.—*Christian Progress.*

Symbols and Systems in Bible Readings. By Rev. W. F. CRAFTS. 64 pp., 25 cents.

Giving a plan of Bible reading, with fifty verses definitely assigned for each day, the Bible being arranged with much labor in the order of its events. The entire symbolism of the Bible also explained concisely and clearly. 100 hints upon Bible markings and Bible readings are added.

A year of work upon such a system would yield rich harvests of Bible knowledge and spiritual experience.—*Sunday School World.*

F. H. REVELL, CHICAGO: 148 and 150 Madison Street.
NEW YORK: 148 and 150 Nassau Street.

HELPS IN BIBLE STUDY.

The True Tabernacle. A series of lectures on the Jewish Tabernacle and its typical signification. By GEORGE C. NEEDHAM; illustrated, cloth, neat, 75 cents.

C. H. M's Notes. By C. H. MCINTOSH. Genesis, 75 cents; Exodus, 75 cents; Leviticus, 75 cents; Numbers, 75 cents; Deuteronomy, 2 volumes, each, 75 cents. Complete set, in box, $4.50.

> The notes breathe a very sweet and reverential spirit, and the author shows wonderful insight into the heart of truth.—*Evangelist.*
>
> Mr. D. L. Moody says of these books: They have been to me a very key to the Scriptures.
>
> Major D. W. Whittle says: Under God they have blessed me more than any books, outside of the Bible itself, that I have ever read, and have led me to a love of the Bible that is proving an unfailing source of profit.

Life and Times of David, King of Israel; or, The Life of Faith Exemplified. By C. H. M. Third edition, revised, 12mo, 200 pp. Cloth, 60 cents.

The Gospel According to Moses, as seen in the Tabernacle and Its Various Services. By GEORGE ROGERS. New edition, enlarged 16mo, 124 pp. Paper, 50 cents; cloth, 75 cents.

> This work is specially commended as a most striking unfolding of the gospel in the old testament. An absorbingly interesting volume. No preacher or teacher should be ignorant of the truth which this small volume very simply but forcibly enunciates.—*The Record.*

Outline of the Books of the Bible. By Rev. J. H. BROOKES, D. D. Invaluable to the young student of the Bible as a First Lessons in the study of the Bible. 180 pp.; cloth, 50 cents; paper covers, 25 cents.

How to Study the Bible. By D. L. MOODY. A valuable little work which should be carefully studied by all who desire to *enjoy* the study of the Book of books. Cloth, flexible, 15 cents; paper, 10 cents.

Ruth, the Moabitess; or, Gleanings in the Book of Ruth. By HENRY MOOREHOUSE. A characteristic series of Bible readings, full of suggestions and instruction. Neat 16mo, paper covers, 20 cents; cloth, gilt stamped, 40 cents,

> Contains many fresh and original remarks, all tending to practical usefulness; a capital bit of commenting on a favorite book.—*Spurgeon's Sword and Trowel.*

Bible Readings. By HENRY MOOREHOUSE. A series of eleven sermons of comment and exposition, by one pre-eminently the man of one book—an incessant, intense, powerful student of the Bible. Neat 16mo, paper covers, 30 cents; cloth, gilt stamped, 60 cents.

The Date of Our Gospels. A critical argument and examination of evidences, particularly regarding their authenticity and authorship. By SAMUEL IVES CURTISS, D. D., Union Park Theological Seminary, Chicago. Square 16mo, neat, flexible cloth, 50 cents; paper edition, 25 cents.

> The argument is winnowed of superfluous words, and presents a luminous and brief case.—*New York Independent.*

F. H. REVELL, CHICAGO: 148 and 150 Madison Street. NEW YORK: 148 and 150 Nassau Street.

HELPS IN BIBLE STUDY.

Current Discussions in Theology. By the Professors of Chicago Theological Seminary. Vol. I, cloth, 12mo, 248 pp., $1.00. Vol. II, 328 pp., cloth, $1.50. Vol. III, 360 pp., $1.50.

> There is nothing in our language of this kind. The American student has had to choose between the exhaustive and unremitting labors which are the price of first-hand knowledge, and reviews which rarely fail of being colored with partiality or prejudice. The volume before us is a helpful, fair and trustworthy statement of the present position and recent movements of theology.—*The Independent.*
>
> It may be safely said that from no one book in the English language can ministers gather so much recent information concerning the topics treated.—*Presbyterian Witness.*

A New Catechism. By Rev. J. T. HYDE. A manual of instruction for students and other thoughtful inquirers. Cloth, 12mo, $1.00.

Short Talks to Young Christians on the Evidences of Christianity. By Rev. C. O. BROWN. Cloth, neat, 168 pp., 50 cents; paper, 30 cents.

> Books that are really useful on the evidences of Christianity could almost be counted on one's fingers. One which is singled out from a host of others by its plain straight-forward sense is *Short Talks to Young Christians on the Evidences*, by Rev. C. O. Brown. This little work is systematic without being technical, chatty without being needlessly diffuse, and it is written in a style suitable for the reading of elder youth.—*Sunday School Times.*
>
> Practical and helpful, just the thing to put into the hands of the recent convert. They will richly repay perusal.—*Interior.*

The Life of Christ. By Rev. JAMES STALKER, M. A. *A new edition.* Introduction by Rev. GEORGE C. LORIMER, D. D. 166 pp., neat, cloth, 60 cents.

> This work is in truth a *"Multum in Parvo,"* containing within small compass a vast amount of most helpful teaching, so admirably arranged that the reader gathers with remarkable definiteness the whole revealed record of the life-work of our Lord in a nutshell of space and with a minimum of study.

Christ and the Scriptures. By Rev. ADOLPH SAPHIR. Cloth, 16mo, neat, 75 cents.

> To all disciples of Jesus this work commends itself at once by its grasp of truth, its insight, the life in it, and its spiritual force.—*Christian Work.*
>
> In these days of doubt and hypercriticism such a volume breathing a spirit of earnest devotion, lifting the mind to a better conception of the immeasurable worth of the Person and the Word, and written too, by a son of Israel, cannot but be welcome and helpful.

Clifton Springs Bible Readings. Containing the Bible Reading, and addresses given at the Conference of Believers at Clifton Springs, N. Y., by Messrs. Brookes, Erdman. Whittle, Needham, Parsons, Clark, Marvin and others. Square 16mo, 144 pp., cloth, fine, 50 cents; paper covers, 25 cents.

F. H. REVELL, CHICAGO: 148 and 150 Madison Street.
NEW YORK: 148 and 150 Nassau Street.

HELPS IN CHRISTIAN WORK.

Children's Meetings and How to Conduct Them. By LUCY J. RIDER and NELLIE M. CARMAN. Introduction by Rev. J. H. VINCENT, D. D. Contains contributions from over forty well-known workers among children, and gives the cream of their experience. The outline lessons (over sixty in number) diagrams, and music will especially commend it to the thoughtful teacher. 208 pp., cloth, $1.00 net.

> The volume will be heartily welcomed by many having this most important part of the religious instruction of the young in hand.—*Zion's Herald.*

Secret Power; or, the Secret of Success in Christian Life and Christian Work. By D. L. MOODY. Fifty-fifth thousand. 12mo volume, 116 pp., rich gilt and black stamp, cloth, 60 cents; cheap edition, paper cover, 30 cents.

> Every page is full of stimulating thought for Christian workers.—*Christian Commonwealth.*
> It is a good statement of the secret of success in Christian Life, by one who has some claim to speak on such a theme.—*The Outlook.*
> This series of earnest and solemn addresses bear throughout that stamp of honest, eager earnestness, which is so striking a characteristic of the writer's labors as a preacher.—*Clerical World.*

Thus Saith the Lord. Compiled by Major D. W. WHITTLE. 134 pp., cloth, flexible, 50 cents.

> This little work is a hand-book for the Christian worker—a manual of texts collected upon the leading subjects necessarily treated in evangelistic and other Christian efforts, especially in personal work.

How to Conduct Inquiry Meetings. By D. L. MOODY, and **The Use of the Bible in Inquiry Meetings.** By D. W. WHITTLE. 40 pages and cover. Price 15 cents.

The Work of Preaching Christ. By Bishop CHARLES PETTITT MCILVAINE. A revised edition of an important little work. Paper covers, 15 cents.

The Prayer Meeting and Its Improvement. By Rev. LEWIS O. THOMPSON, with introduction by Rev. A. E. KITTREDGE, D. D. Sixth edition, revised. 12mo, 256 pp., $1.25.

> A valuable, because a very suggestive book.—*S. S. Times.*
> * * * This is so good a book that we wish we could afford to give a copy of it to every young minister. Revive your prayer meetings and the churches will be revived. Mr. Thompson says some capital things in a telling manner, and, as his pages are full of fire and gunpowder, we hope certain old, worn-out things among us will be exploded, and good things set on fire. A brother who has this book handy will be helped to lead lively meetings, conducting them in varied ways, and expatiating on different topics, so as to keep up freshness and avoid monotony and dullness.—*C. H. Spurgeon.*

Revivals; Their Place and Power. By Rev. HERRICK JOHNSON, D. D. Cloth, flexible, 25 cents.

> An admirable discussion of the subject.—*Interior.*
> We know of no publication that covers the ground so briefly and satisfactorily.—*Baltimore Presbyterian.*
> Dr. Johnson's experience has qualified him to speak upon this subject.—*Independent.*

F. H. REVELL, CHICAGO: 148 and 150 Madison Street.
NEW YORK: 148 and 150 Nassau Street.

HELPS IN CHRISTIAN WORK.

To the Work! To the Work! By D. L. Moody. Exhortations to Christians. Paper covers, 30 cents; cloth, gilt dies, 60 cents.

This new work by Mr. Moody is in the line of his most successful efforts, that of stirring Christians to active, personal, aggressive work for the Master. Mr. Moody has frequently been heard to say that it was much better to set 100 men to work than to do the work of 100 men. This little volume will, we confidently believe, be a means of inspiring not hundreds but *thousands* to more efficient effort in Christian life.

HELPS FOR ENQUIRERS.

Life, Warfare and Victory. By Maj. D. W. WHITTLE. 124 pp., cloth, neat. 60 cents; paper, 30 cents.

This book has been prepared in the midst of evangelistic work, to meet the wish often expressed to the writer—that instruction given in Bible readings to young converts might be made available for their more careful study and permanent use.—*Extract from Preface.*

The Way to God and How to Find It. By D. L. MOODY. Fifty-fifth thousand. A book for the inquirer and Christian worker. Cloth, rich black and gold stamp, 60 cents; paper, tinted covers, 30 cents.

Very earnest and powerful, abounding in apt illustrations, striking thoughts, and helpful, encouraging words. This book is written in the same plain, simple and pointed style that lends such force to his spoken words. The volume should find many readers. Those that buy it will not be disappointed.—*Baptist National.*

The way of salvation is made as clear as simple language and forcible, pertinent illustration can make it. In two features it is equal to anything that Mr. Moody has produced—in close adherence to the Word of God, and in profound earnestness—while in simplicity, directness of appeal and originality it is superior. It is a great matter to send such a work, so full of Christ, all over the churches, where it may, by the work of the Spirit, arrest the careless and move the ungodly.—*Lutheran Observer.*

The Way and the Word. By D. L. MOODY. Forty-fifth thousand. Paper, 15 cents; cloth, 25 cents.

This little work contains a very clear statement on the important subject *Regeneration*, to which is added Mr. Moody's valuable hints on Bible reading. Mr. Moody has used this book by the thousand, placing them in the hands of young converts at the close of his meetings.

Grace and Truth Under Twelve Different Aspects. By W. P. MACKAY, M. A. Forty-eighth thousand of American edition. The English edition has reached a sale of over two hundred thousand, besides being translated into German, Spanish, Swedish, Arabic, Italian, Dutch, Gaelic and Welsh. 12mo, 282 pp., paper, 35 cents; cloth, fine, 75 cents.

Mr. D. L. Moody says of this work: I know of no book in print better adapted to aid in the work of him who would be a winner of souls, or to place in the hands of the unconverted.

F. H. REVELL, CHICAGO: 148 and 150 Madison Street.
NEW YORK: 148 and 150 Nassau Street.

HELPS FOR ENQUIRERS.

My Inquiry Meeting; or, Plain Truths for Anxious Souls. By ROBERT BOYD, D. D. Being the experience of a pastor during many years of personal dealing with anxious and careless souls. 64 pp 15 cents.

> For simplicity, clearness and, force of statement, we have met with nothing that equals this little volume. We can think of no better service a pastor could render to Sunday-school teachers, and other guides of souls, than to secure their reading of these pages. Nor could inquirers have any better help in their search for truth.—*The Interior.*

Glad Tidings. By ROBERT BOYD, D. D. A book for inquirers. 12mo, 100 pp., cloth, neat, 50 cents; cheap edition, for circulation, 25 cents.

> This book has been used largely in connection with the great revival meetings both in Great Britain and this land.

The Soul and Its Difficulties. By H. W. SOLTAU. Paper, 108 pp., 8 cents.

How to be Saved; or, the Sinner Directed to the Saviour. By J. H. BROOKES, D. D. 120 pp., paper cover, 25 cents; cloth, 50 cents.

God's Way of Salvation. By ALEXANDER MARSHALL. A brief statement of the Way of Life, with answers to popular objections. Each brief page complete in itself, and containing a sermon in a nutshell. 48 pages and covers, 5 cents. Per hundred, $2.50.

Doubts Removed. By CÆSAR MALAN, D. D. Paper covers, 5 cents; per dozen, 50 cents.

> It contains the clearest statements and illustrations on the subject treated we have ever read.

Welcome to Jesus. By Rev. C. H. SPURGEON. A series of 4 page tracts, with first page in attractive illuminated designs, etc. Four different series, each containing 32 assorted. Price per package, 25 cents. Four different packets issued, Nos. 1, 2, 3 and 4.

POPULAR WORKS FOR ALL CLASSES.

Prevailing Prayer: What Hinders It? By D. L. MOODY. Cloth uniform with To the Work! Heaven, etc. Cloth, 60 cents; paper covers, 30 cents.

> An earnest and solemn work, full of helpful hints on the aids and hindrances to prevailing prayer.

> This great subject has been the theme of apostles and prophets, and of all good men in all ages of the world; and my desire in sending forth this little volume is to encourage God's children to seek by prayer "to move the arm that moves the world."—*Extract from Preface.*

Full Assurance of Faith. Being some Thoughts on Christian Confidence. By D. L. MOODY. Paper Covers, 15 cts.; cloth, 25 cts.

F. H. REVELL, CHICAGO: 148 and 150 Madison Street. NEW YORK: 148 and 150 Nassau Street.

POPULAR WORKS FOR ALL CLASSES.

Heaven; Where It Is; Its Inhabitants; and How to Get There. By D. L. MOODY. Eighty-eighth thousand. Tinted covers, 30 cents; cloth, 60 cents.

    While adapted to the humble capacity, it will command the attention of the mature and thoughtful.—*National Presbyterian.*
    Mr. Moody's unfaltering faith and rugged enthusiasm are manifested on every page.—*Christian Advocate.*
    Eminently scriptural, earnest and impressive, will be welcomed by thousands.—*Zion's Herald.*
    Characterized by his apt, homely illustrations and not a few pithy anecdotes, such as few can equal.—*The Advance.*

Twelve Select Sermons. By D. L. MOODY. 110th thousand. This volume contains those special sermons, which have appeared to be most useful, and under which there have been the greatest results. Paper covers, 30 cents; cloth, neat, 60 cents.

    Carefully revised by Mr. Moody, they present a volume of choice and striking addresses, sure to command a large sale.
    With the effect of these addresses when spoken, the whole land is acquainted, and now that they are written, they will tend to keep in force the impressions they have already made.—*Methodist.*
    Mr. Moody's happy style, abounding in striking anecdote and illustration, make it a most readable and convincing volume.—*The Watchman.*
    Full of earnest enthusiasm which characterizes everything Mr. Moody does, and will be read with interest.—*Detroit Free Press.*

Daniel, the Prophet. An amplification and extension of Mr. Moody's various lectures on the Life of Daniel. Paper covers, 20 cents; cloth, 40 cents.

    A small book, but big as regards the truth it contains. Every worker in the Lord's vineyard would be helped by reading it.—*Railway Signal.*

Birth-Day Memorial Text-Book. A handsome little volume with a short text for every day in the year, with blank space opposite for autographs. Especially attractive for children. 32mo, cloth, black and gold stamp, 25 cents; per dozen, $2.50.

The Practice of the Presence of God. By "Brother LAWRENCE." Being a small collection of remarkable letters and conversations of a monk. 64 pp., 24mo, paper cover, 10 cents; per dozen, 75 cents.

Envelope Series of Tracts. By H. W. S., from "The Christian's Secret of a Happy Life," comprising the following:

How to Enter into the Life.	Faith: What it is.
Difficulties Concerning Consecration.	Is God in Everything?
Difficulties Concerning Guidance.	The Joy of Obedience.
Difficulties Concerning Faith.	Practical Results.

    Sold only in packets of one dozen copies. May be had either assorted or all of the same kind. Price, per packet, 20 cents.
    They will form an excellent collection of tracts for distribution by those who wish their friends to share the "Life that is hid with Christ."

F. H. REVELL, CHICAGO: 148 and 150 Madison Street.
NEW YORK: 148 and 150 Nassau Street.

POPULAR WORKS FOR ALL CLASSES.

The Scarlet Line. A most suggestive tract upon Joshua II and VI, showing the close connection between the type of the Old Testament and the Antitype of the New. 36 pp. and cover, 5 cents; per hundred, $3.00.

Words of Worth, from the Chicago Christian Convention. A verbatim report of the addresses before the Convention of October, 1882. 12mo, 134 pp., paper, 25 cents.

The addresses by such men as Rev. Marcus Rainsford, Rev. Charles Spurgeon, Dr. W. P. Mackay, Rev. A. T. Pierson, D. D. and others, will be welcomed by many.

The Ministry of Healing; or, Miracles of Cure in all Ages. By Rev. A. J. GORDON, D. D. Third edition, 12mo, fine cloth, 250 pp., $1.25.

Proofs of the practice of healing by the prayer of faith gathered from all ages, with well attested instances from Augustine, Luther, Baxter, Bengel, Irving, Erskine, Christlieb and others.

The history of the doctrine as held by Waldenses, Moravians, Covenanters, Huguenots, Friends, Baptists, Methodists, etc. A full account of the recent exercise of the ministry of healing through faith, by Dorothea Trudell, Samuel Zeller, Pastor Blumhardt, Pastor Rein, Pastor Stockmayer, Dr. Cullis, and others. With all this is joined an extended examination of the subject in the light of Scripture, Church history, theology and experience.

In Christ; or, The Believer's Union with His Lord. By Rev. A. J. GORDON, D. D. 12mo, fine cloth, 210 pages, $1.00.

We do not remember since Thomas a Kempis a book so thoroughly imbued with great personal love to Christ. It is evidently the happy result of hours of high communion with him.—*Boston Courier.*

The Two-Fold Life; or Christ's Work for Us, and Christ's Work in Us. By Rev. A. J. GORDON, D. D. 12mo, fine cloth, 285 pages, $1.25.

This is a powerful and timely defence of Christian doctrine, experience and practice; of experience resulting from sound doctrine, and of practice resulting from heart-felt experience. It is not controversial, but a living testimony to the renovating power of the faith once delivered to the saints. * * * Its perusal will amply repay the reader who wishes to become a full-grown Christian.—*C. H. Spurgeon.*

Grace and Glory. Sermons for the Life that Now Is and That which Is to Come. By Rev. A. J. GORDON, D. D. 12mo, fine cloth, 355 pages, $1.50.

Here we have power without sensationalism; calm thought, living and earnest, expressed in forcible language; the doctrine orthodox, evangelical, practical. We shall be surprised if these discourses are not reprinted by an English house.—*C. H. Spurgeon.*

Abundant Grace. By W. P. MACKAY, M. A., author of Grace and Truth. With preface by Rev. J. H. BROOKS, D. D., and brief biographical sketch of the late author. 250 pages, fine beveled cloth, $1.00.

The Holy Life. A book for Christians seeking the "Rest of Faith." By Rev. EVAN H. HOPKINS. Fifth thousand. 18mo, 115 pp., cloth, beveled edge, 60 cents.

F. H. REVELL, CHICAGO: 148 and 150 Madison Street. NEW YORK: 148 and 150 Nassau Street.